U0948501

甘甲才◎编著

世界图书出版公司
广州·上海·西安·北京

图书在版编目(CIP)数据

轻松说粤语/甘甲才编著. —广州:世界图书出版广东有限公司,2015.1
ISBN 978-7-5100-8765-3

Ⅰ.①轻… Ⅱ.①甘… Ⅲ.①粤语—教材 Ⅳ.①H178

中国版本图书馆CIP数据核字(2014)第242307号

轻松说粤语

策划编辑:魏志华
责任编辑:魏志华 张 华
出版发行:世界图书出版广东有限公司
(广州市新港西路大江冲25号 邮编:510300)
电 话:(020)84451969 84453623 84184026 84459539
http://www.gdst.com.cn E-mail:wpc_gdst@163.com
经 销:各地新华书店
印 刷:广州东瀚印刷有限公司
版 次:2020年1月第2版
印 次:2020年1月第2次印刷
开 本:880mm × 1 230mm 1/32
字 数:90千
印 张:5
国际书号:ISBN 978-7-5100-8765-3
定 价:20.00元

咨询、投稿:020-34201910 weilai21@126.com

为方言应用服务是方言研究当务之急（代序）

——读甘甲才的《轻松说粤语》

随着人们对汉语方言认识的加深，这些年来，在一些方言特色比较突出的地区，特别是那些民俗风情引人瞩目，地方文化丰富多彩的方言地区，一股学好地方方言、传承地域文化的热潮悄悄兴起。在南方，有“两会”代表、委员就发挥方言作用提出议案；有倡议为方言地区的小学教材，以“乡土教材”形式提供方言学习的内容；一些过去从不播放方言节目的地方电视台，近期频频推出方言相声之类的节目。主管国家语言文字工作的职能部门，从摸清语言资源的需要出发，也启动了调查、汇集地方方言资源的科研项目。

在社会语言生活中，人们正悄悄改变着只强调学习、推广民族共同语——普通话的单一思维，逐渐转到“普通话要学，方言不要丢”的观念上来。方言区中某些由于过去强调学好普通话而忽略让孩子们保留方言、养成“既学普通话，又说家乡话”习惯的家庭，如今在“普通话要学，方言不要丢”的理念下，深感孩子们没能很好传承父辈所说的方言不免遗憾，担心下一代脱了普通话盲又成为“方言盲”了。在这一情况下，熟悉方言、研究方言的专业人士，有一个当务之急，就是要大力宣传“普通话要学，方言要保留”这一“推广一种（普通话）、保留多种（方言）”的方针政策，让广大方言地区人民深明方言也是重要语言资源的道理，在致力于推行普通话的同时，也为方言的社会应用创造条件，发挥好方言在社会语言应用中的作用。例如运用方言研究的成果，致力于编写各种供方言学习用的教材和工具书，让人们更快、更好地掌握方言，就是一项具有现实意义的工作，值得大力提倡。

语言研究总是要为语言应用服务的。只有多多关注语言应用的问题，语言研究才会生气勃勃，才会产生明显的社会效益。在这一点上，已故老一辈的语言学家，堪称大师的王力先生、吕叔湘先生等给我们做出了很好的榜样。他们学识渊博，著述等身，但总是强调语言学者要为语言科学的社会普及，为广大语言使用者的语言应用尽力。正是在这种为应用服务思想的驱使下，语言大师们身体力行，编写了许多应用性很强的语言学小册子。他们的言传身教，对我们晚辈的语言科学实践产生了深刻的影响。

拿我个人来说，在我从事方言研究的半个多世纪中，始终谨记方言研究要为方言应用服务这个宗旨。明显的例子就是因应社会上对粤语正音的需求，在20世纪90年代，就发起联合粤、港、澳一批粤语学者组织一个粤语审音委员会，开展粤语审音的工作，在经历近十载从逐字审订音读到编纂正音字典的漫长过程后，终于在2002年出版了被认为是方言研究史上第一部为方言正音的辞书——《广州话正音字典》。在完成这一为粤语应用服务的工作之后，接下来我们又组织起几位年轻的粤语专业人士，协力编写一部社会上急需的粤语教材——《新时空粤语》，上、下两册先后在2006年和2009年出版问世。《粤语正音字典》和《新时空粤语》的先后问世，凝聚着一批从事粤方言研究专业人士的智慧和心血，充分体现出粤方言研究为粤方言应用服务的精神。这种精神代代相传，其结果必然会促使更多的方言专业人士都来关注方言的应用问题，都乐于运用自己的研究成果来为广大的方言学习者服务，自然也就不断会有相关的方言教材、方言工具书面世。

说到这里，我不免想起近一二十年，在逛书店时，常有关于粤方言的教本映入眼帘。我不可能对这许许多多粤语教本一一细读，但粤语研究毕竟是我的本行，对于雨后春笋般出现的粤语教本，我总不会无动于衷。我的总体感受自然是一种亲切、欣喜之情。欣喜的是：这些以各种书名出现的粤语教本，反映出人们对方言的关注，特别是对“强势方言”粤语的关注，意味着粤语的学习日渐成为气候，颇有一点“热门”的味道了。然而，在接触到五花八门的粤语教材，面对一些“一月通”、“×周通”之类的小册子时，欣喜之余，却又产生一点也许是“过虑”的隐忧。总觉得在这许许多多粤语教材中，能够反映粤语研究的成果，体现语言研究为语言应用服务精神的固然不少；与此同时，个别学术质量欠佳，甚至可以说是粗制滥造的粤语教材也夹杂其中。更有甚者，有人连粤语的语音系统都还没弄清楚，就大着胆子，编写起供读者学习粤语的教材来。出现这种现象，关键在于有的作者和出版商冲着粤语教学的商业利益而来，只看重粤语教才在市场经济中的作用，相对也就忽略了方言读本应是方言学术研究和方言实际应用结合的产物，在编写这类教材时，千万得留意它的学术含量。在认识没有到位的情况下，人们一哄而上地争着推出粤语教学的读物，也就难免泥沙俱下，良莠兼出了。

方言教材的编写，跟旨在挖掘方言特色，探讨方言源流，揭示方言发展轨迹以及阐述方言与文化、方言与民俗、方言与移民等多种方言学研究课题有所不同，主要也就体现在教材的“实用性”方面。说白了，方言教材的编写就是为了让人们学会说方言。因此，任何一部方言教材，详尽的或简略的，大部头或是小册子，都该无例外地在实用性上下足功夫。实用性强不强，直接关系到学习的效益，也是决定方言教材优劣好坏的重要准尺。能够充分利用方言研究的成果，在实用性方面多加考究，编出来的方言教材，也就有可能力臻上乘了。实用性可以包含多方面的内容，在尽量吸收方言研究成果，充分体现方言特色的前提下，如何把教材编得生动活泼、深入浅出，如何使教材易教易学，都是显示教材实用性的要素；又如本着语言随社会的变化而有所变化，方言教材的内容还应从当今方言地区的生活现实出发，在“与时俱进”上下点功夫，能够贴近生活，自然会倍受读者的欢迎。我们在编写《新时空粤语》时，由于比较注意这些因素，在显示粤语传统特点及反映当今粤语时代特色上都下了较多功夫，突出了生活化、口语化等元素，就使这套教材取得实用性较强的效果。

近日甘甲才博士给我送来他编写的一本粤方言教材书稿《轻松说粤语》，我看了书名和前面的目录以及“编写与使用说明”，就被它深深吸引住，感到这该是一部具有新意、难得一遇的粤语入门教材。当我一口气把十四课的课文一一看下去后，发现果然是不出所料，非同一般。十四课的内容当然无法囊括粤语学习中可能遇到的所有语音、词汇、语法问题，但作为入门的学习，到底应该着重解决哪些最急需解决的问题？如何引导读者去解决这些问题？这就要作者根据自己的专业敏感，运用自己的智慧来发挥创意了。作为一位专攻汉语方言学的博士，本书作者具有较为深厚的粤语专业修养，此前也曾参加过我们《广州话正音字典》和《新时空粤语》的编写，以这样的学术背景来编写粤语教材，应该说是驾轻就熟了。但一本入门的小册子，如何入门？还是需要动动脑筋的。作者紧紧扣住“实用”这两个字来落笔着墨，使本书从内容到体例的设计，始终贯穿着突出粤语方言特点，解决常用难懂问题的原则，以期达到帮助读者能以本书为敲门砖，敲开粤语方言的大门，跨进粤语学习第一道门槛的目的。作者在“使用说明”中开宗明义地宣称这是一部适用于热爱粤语的初学者的入门教材；表明教材的编写追求的是实用性、趣味性及生活化；教材每课的编排以广州话的音系为纲，以语音学习为主，但也能让读者接触到广州话词语、语法及广州文化。通观全书每一课四个部分，确实贯彻了以语音学习为主而又同时能够在学过的语音中兼学到一些实用的词语的。

一部实用性的方言教材，倘若要达到实用性的要求，少不了必须考虑内容的生活化和用语的口语化。实际上这已经是很不容易的事了。现在甘甲才博士还在他这本只有十四课的粤语入门书中，更增加了一项“指标”，那就是趣味性，这一点可谓是锦上添花之举。打开本书看看，这趣味性处处可见，作者是说到做到了，对读者来说，真可以做到轻松说粤语。这趣味性一着堪称是具有创意的实践，实在令人赞赏！总体来说，这是一本彻底贯彻粤语研究成果应用于粤语学习实践、全面体现方言教材立足于实用性的方言教材，也是一部能把生活化、口语化和趣味性融为一体的教材。我在前面拉拉杂杂谈了一些涉及语言应用、特别是方言应用问题的看法，并借此机会向粤语的初学者推荐这本《轻松说粤语》，也就算作一篇不像序言的序言吧！

唐伯慧

甲午初春于广州暨南园

编写与使用说明

一、本书为广州话的入门教程，适用于热爱广州话的初学者，学习者须有普通话背景。

二、课文编排以广州话的语音为纲，广州话中与普通话相同的音，略去不提，重点在不同的声韵调。

三、本教材编写追求实用性、趣味性及生活化，学习者在掌握广州话语音的同时，也能接触到广州话词语、语法及广州文化。因为是以语音学习为主的入门教材，词语及语法解释等则从简。

四、本书文字内容及说明均简略，须结合随书音频资料学习。音频部分并非教材附录，而应视为正式教材内容。文字部分是课本，音频部分相当于面授，均不可或缺。

五、全书共十四课，每课分为四个部分。第一部分学习广州话最有特点而学习者需要特别注意的声母韵母和声调；第二部分是对话，从中练习学过的语音，也学习一些实用的词语和句子；第三部分是比较有趣的小对话或段子，不多作解释，主要让学习者仔细听和品味，可以看着文本听；第四部分的要求比较高一些，是一段对话，但只作简单的提示性的解释，就让学习者闭着眼睛听，或者对照着普通话译文听，经过多次聆听还是无法听懂的情况下，才可以看录音文本，带有明显的强迫性。

六、本教材没有专门的练习部分，完全是寓练习于课本学习当中，所以学习者必须根据课文及录音的提示学习，才能取得良好的学习效果。

七、学习时间和进度没有严格的要求，学习者完全可以根据自己的时间和状态来选择学习。音频部分有课文录音，可以在脱离文本或流动的情况下单独聆听。音频内容分别为：每课的讲解标注为第X课；其余以L-X_1-X_2格式标准，X_1表示第几课，X_2表示第几部分，如L-2-3，表示第二课第三部分。

目录

编写与使用说明 …… I

广州话拼音方案 …… 001

第一课　小声说“不” …… 003

一、有字有音（m） …… 003

二、有问有答（见面） …… 005

三、有讲有笑（先生贵姓） …… 008

四、有声有“释”（谐笑名字） …… 009

第二课　牙牙学语 …… 012

一、有字有音（ng） …… 012

二、有问有答（饮茶） …… 014

三、有讲有笑（先知妈咪） …… 017

四、有声有“释”（广州饮茶） …… 019

第三课　美美入声 …… 022

一、有字有音（-p\-t\-k） …… 022

二、有问有答（约会）…… 024
三、有讲有笑（拍拖怪象）…… 026
四、有声有“释”（真正朋友）…… 028

第四课　六声九调 …… 031
一、有字有音（平上去六声）…… 031
二、有问有答（问路）…… 034
三、有讲有笑（上北大之路）…… 036
四、有声有“释”（声调趣事）…… 038

第五课　母鸡唔知 …… 041
一、有字有音（dz\ts\s）…… 041
二、有问有答（天气）…… 043
三、有讲有笑（丑女化妆）…… 046
四、有声有“释”（买餸煮饭）…… 048

第六课　噉就搞掂 …… 051
一、有字有音（-m）…… 051
二、有问有答（睇病）…… 053
三、有讲有笑（难为老师）…… 055
四、有声有“释”（健康第一）…… 056

第七课　去街买鸡 …… 059
一、有字有音（长短元音）…… 059
二、有问有答（消费）…… 062
三、有讲有笑（快食奶奶）…… 064

四、有声有“释”（投资买楼）…… 066

第八课 鸡平龟贵 …… 069
一、有字有音（gw-\kw-）…… 069
二、有问有答（游玩）…… 071
三、有讲有笑（子媳有别）…… 074
四、有声有“释”（香港游）…… 075

第九课 爱在心内 …… 078
一、有字有音（oi\on\ong\ou\ot\ok）…… 078
二、有问有答（手机）…… 082
三、有讲有笑（经理难做）…… 085
四、有声有“释”（便利通讯）…… 086

第十课 句句响亮 …… 088
一、有字有音（oe\oeng\oek\oey\oen\oet）…… 088
二、有问有答（睇戏）…… 091
三、有讲有笑（动感数学）…… 094
四、有声有“释”（睇戏烦恼）…… 096

第十一课 盘满钵满 …… 099
一、有字有音（ui\un\ut\uk\ung）…… 099
二、有问有答（新屋）…… 104
三、有讲有笑（班花搬花）…… 106
四、有声有“释”（讲饮讲食）…… 107

第十二课　恋上粤语 ……110
一、有字有音（y\yn\yt）……110
二、有问有答（星事）……113
三、有讲有笑（天才画家）……116
四、有声有“释”（风光婚礼）……116

第十三课　持之以时 ……119
一、有字有音（i\iu\in\im\ing\ip\it\ik）……119
二、有问有答（网购）……123
三、有讲有笑（赚了一刀）……126
四、有声有“释”（拎机碌卡）……128

第十四课　美眉靓姐 ……130
一、有字有音（e\ei\eng\ek）……130
二、有问有答（穿着）……134
三、有讲有笑（外母大人）……137
四、有声有“释”（礼让老人）……138

后　记 ……141

广州话拼音方案

说明：大家熟悉的汉语拼音是国家公布的一个标准方案，但是广州话却没有一个统一标准的拼音方案，在各类教材或字典中，作者采用的拼音方案都不一样。目前社会上流行的有好几种，本书选用了詹伯慧先生主编的《广州话正音字典》(广东人民出版社，2002）里的拼音方案，此处抄录如下：

一、声母

b（爸）	p（怕）	m（妈）	f（花）
d（打）	t（他）	n（拿）	l（啦）
g（家）	k（卡）	ng（牙）	h（哈）
dz（渣）	ts（差）	s（沙）	j（也）
gw（瓜）	kw（夸）	w（蛙）	

二、韵母

aa（丫）	aai（挨）	aau（坳）
aam（三）	aan（晏）	aang（坑）
aap（鸭）	aat（压）	aak（握）
ai（矮）	au（欧）	
am（庵）	an（新）	ang（莺）
ap（湿）	at（实）	ak（塞）

e（些）	ei（四）	
		eng（腥）
		ek（石）
i（衣）	iu（要）	
im（盐）	in（烟）	ing（应）
ip（叶）	it（热）	ik（益）
o（柯）	oi（爱）	ou（奥）
	on（安）	ong（骯）
	ot（渴）	ok（恶）
u（夫）	ui（灰）	
	un（欢）	ung（风）
	ut（阔）	uk（屋）
oe（靴）	oey（需）	
	oen（信）	oeng（香）
	oet（术）	oek（削）
y（书）		
	yn（远）	
	yt（月）	
m（唔）		
	ng（五）	

三、声调

1（诗）	2（史）	3（试）	4（时）	5（市）	6（事）
7（式）	8（锡）	9（食）			

第一课
小声说“不”

外地人一到广州就能听到的一句广州话就是“唔该”，表示“谢谢”。其中的“唔”是“不”的意思。在普通话里，“不”这个字可以说得铿锵有力，而在广州话口语里，表示“不”的意思就只能小声地说。

一、有字有音（m）

“唔”的发音非常容易，嘴巴自然闭上，用鼻子发音就行了。我们用字母把这个音记录下来，写成m。

请看下面的词语，左边的是普通话，右边的是广州话：

普通话	广州话
不是	唔係 m^4 hai^6
不知	唔知 m^4 dzi^1
不懂	唔识 m^4 sik^7
不对	唔啱 m^4 $ngaam^1$
不行	唔得 m^4 dak^7
不好	唔好 m^4 hou^2
不吃饭	唔食饭 m^4 sik^9 $faan^6$
不看电视	唔睇电视 m^4 tai^2 din^6 si^6
不准吸烟	唔准食烟 m^4 $dzoen^2$ sik^9 jin^1

明眼人一看就看出来了吧："不"在广州话里就是"唔"，那么，下面的这些词语在普通话里是什么意思呢？

唔听话 m^4 $teng^1$ waa^6

唔上网 m^4 $sioeng^5$ $mong^5$

唔打电话 m^4 daa^2 din^6 waa^2

唔睇书 m^4 tai^2 sy^1

唔开车 m^4 hoi^1 tse^1

唔靓 m^4 $leng^3$

唔好食 m^4 hou^2 sik^9

唔瞓觉 m^4 fan^3 $gaao^3$

唔买嘢 m^4 $maai^5$ je^5

唔大唔细 m^4 $daai^6$ m^4 sai^3

提示

以上短语普通话的意思依次是：不听话、不上网、不打电话、不看书、不开车、不漂亮、不好吃、不睡觉、不买东西、不大不小。

听听下面的句子，特别留意一下带下划线的词语，猜一猜这些句子是什么意思。

1. 我唔係广东人。
2. 我钟意食饭，唔钟意食面。
3. 你睇唔睇电视？
4. 老李嘅朋友唔识讲广东话。
5. 唔知而家几点钟。

把这些句子翻译成普通话，意思就是：

1. 我不是广东人。
2. 我喜欢吃饭，不喜欢吃面条。
3. 你看不看电视？
4. 老李的朋友不会说广东话。
5. 不知道现在是几点钟。

二、有问有答（见面）  L-1-2.MP3

见面

甲：陈生，早晨。

乙：早晨，李生。

甲：近排点吖？忙唔忙吖？

乙：唔係几忙。唔好意思，请问呢位係……

甲：哦，我唔记得咗介绍，佢係我嘅朋友。

乙：点称呼吖？

甲：佢姓张，叫佢张小姐得㗎喇。

乙：[对张小姐]你好，张小姐。

丙：陈先生，你好。

乙：我仲要去街市买啲嘢，我行先喇。

甲：噉唔阻你喇，几时得闲我哋去饮茶啦。

乙：好吖，係噉先啦。拜拜。

甲：拜拜。

词语注释

陈生——广州话可把“先生”简化为一个字“生”，“先生”两个字的读音sin[1] saang[1]，也可以合音读成siaang[1]。在前面加上姓氏，如：李生，黄生；如果对陌生人，不知道其姓名，则可称“阿生”。

早晨——“早晨”的意思就是“早上好”，不是“早上”。普通话“早上”的意思广州话是“朝早”（dziu[1] dzou[2]）。

近排——最近一段时间。“排”是一段时间的意思，如：呢排，就是这段时间；嗰排，就是那段时间。

点——怎么，怎样。如：点解，字面上是“怎么解释”，意思就是“为什么”。单独用，如问人家“点吖？”就是“怎么了”，“怎么样了”的意思。

咗——用在动词后面表示完成。如：“食咗”是“吃了”；“唔记得咗”就是“不记得了”，也就是“忘了”。

佢——他，她。

嘅——的。

㗎喇——表示肯定的语气，如：两个人食餐饭有百零蚊就够㗎喇。（两个人吃顿饭有百来块钱就够了。）

仲——还，如：佢仲未起身。（他还没起床。）

啲嘢——啲，点，些；嘢，东西。一啲，一点儿。买啲嘢，买点儿东西。

啲——那么。

阻——妨碍，打扰。

我哋——我们。哋，人称代词的复数形式，还有“佢哋（他们）”、“你哋（你们）”，但“女士们”、“先生们”等不能说成“女士哋”、“先生哋”。

係噉先——先这样吧，结束前或告别前常说的一句话。粤语语法“先”放在句末，如普通话说“您先走”，广州话要说成“你行先”。

普通话译文

见面

甲：陈先生，早上好。

乙：早上好，李先生。

甲：最近怎么样了？忙吗？

乙：不是太忙。不好意思，请问这位是……

甲：哦，我忘了介绍，她是我的朋友。

乙：怎么称呼呢？

甲：她姓张，叫她张小姐就行了。

乙：［对张小姐］你好，张小姐。

丙：陈先生，你好。

乙：我还要去市场买点东西，我先走了。

甲：那就不打扰你了，什么时候有空咱们去吃饭吧。

乙：好吧，那就先这样吧。再见。

甲：再见。

三、有讲有笑（先生贵姓） L-1-3.MP3

以下对话跟姓名都有关系，因为谐音的问题，令对话显得可笑。

粤语	普通话
先生贵姓？	先生贵姓？
小姓吴。	免贵姓吴。
吴咩？	吴什么？
吴广德。	吴广德。
点解唔讲得？	为什么不能说？
老窦安嘅名，就係“吴广德”。	爸爸起的名字，就是“吴广德”。
你老窦叫乜嘢名吖？	你爸爸叫什么？
吴政经。	吴政经。
你妈呢？	你妈妈呢？
武洁芬。	武洁芬。

以上对话光看普通话翻译就没什么意思了，而且有点答非所问，可是懂广州话的人听了就会捧腹大笑。广州话中“吴”的发音跟“唔”相似，有的人直接就念成同音，因

此“吴广德”听起来就成了“唔讲得”，意思就是“不能说、说不得”。那么，“吴政经”听起来就是“唔正经”了，“武”的发音在广州话里跟“冇”一样，表示“无、没”的意思，所以“武洁芬”跟“冇结婚”同音。看来起名字时不仅要考虑意义，对读音也不得掉以轻心哦。

四、有声有“释”（谐笑名字） L-1-4.MP3

请认真地、反复地听以下录音，听不明白的就猜一猜，也可对照普通话翻译文本来听。最后，可以对照录音文本检查自己的听力结果。

提示

这段对话内容是关于起名字的。不同方言读音对起名字有很重要的影响，就像上面“有讲有笑”里的情形。以下这段对话提到的几个名字能让人发笑也是同样的原因，这里先解释一下：

徐定富听起来是“除定裤”，广州话的意思是“预先脱下裤子”。

毛仁爱听起来是“冇人爱”，广州话的意思是“没人爱”。

钟乐海听起来是“钟落海”，广州话“钟”的意思是“头朝下冲”，钟落海的意思是“从高处一头撞入海里”。

伍浩昌听起来是听起来就是“五号窗”，如果姓陆，就成了“六号窗”了。

普通话
翻译文本

甲：说到起名字，也不是那么容易的事儿。

乙：中国人起名字要讲究好兆头，又要好听，还要不容易被人改绰号。有时看到一些人的名字，用普通话念好像没啥不好，一用广州话念，就挺搞笑的。

甲：最麻烦就是姓吴，听起来像是个“唔”字（“不”的意思），后面跟什么字都不行。除非叫吴病、吴肥、吴臭，可是又没人用这些字来做名字的啊。

乙：在网上就有收集些搞笑的名字，如“徐定富”“毛仁爱”“钟乐海”“伍浩昌”，是人听了都会笑。

甲：广州话里有一句“不怕生坏命，最怕起错名”。

乙：我有几个朋友都是工程师，如姓吴的叫吴工，姓朱的叫朱工，你说多难听。

甲：没办法了，人家也是尊重他吧。

录音文本

甲：讲起起名都唔係咁易咯噃。

乙：中国人起名要讲意头，又要好听，仲要唔好容易畀人起花名，有时睇倒啲人名，用普通话读好似冇乜唔妥，一用广州话读，就好搞笑。

甲：最麻烦就係姓吴，听起来似个“唔”字，后边跟乜字都不啱。除非叫吴病、吴肥、吴臭，之不过又冇人用呢啲噉嘅字来做名嘅。

乙：喺网度就有人收收埋啲搞笑嘅名，好似“徐定富”“毛仁爱”“钟乐海”“伍浩昌”，係人听到都会笑。

甲：广州话都有句话讲“唔怕生坏命，最怕起错名”。

乙：我有几个朋友都係工程师，姓吴嘅叫吴工，姓朱嘅叫朱工，你话几难听。

甲：冇计啦，人哋都係尊重佢啫。

第二课
牙牙学语

在粤语中还有一个特别的鼻音声母，单用时很容易跟第一课的“唔”相混。带这个声母的字，现在的年轻人又多不发这个音，如果我们要追求标准，那就还是得认真点，把这个音发好。这个音是一个后鼻音，用字母写作“ng”。

一、有字有音（ng）

第一课中的“有讲有笑”一节，显然是一个编出来的笑话。不过“唔”“吴”两字的发音确实相近，而事实上，“吴广德”并不等于“唔讲得”。其实，你只要会发“唔”音，发“吴”就没问题了。发“唔”时，我们闭上双唇，让气流从鼻腔出来；而发“吴”时，只要把嘴张大，气流还是从鼻腔出来就行了。嘴巴要张多大呢？张到我们用普通话说“哥哥”那样大就行了。

怎样区分m和ng呢？试听听下面这个句子：

飞机延误，吴先生同伍小姐五号中午返唔到广州。

（飞机延误，吴先生和伍小姐五号中午回不来广州。）

能听出这句话里哪些字音是m，哪些字的音有ng吗？

用粤音跟读以下词语，注意广州话粗体字的读音，并比较粤音与普通话声母的区别：

广州话	普通话
危险 ngai^4	危险 wēi
我哋 ngo^5	我们 wǒ
房**屋** nguk^7	房屋 wū
外国 ngoi^6	外国 wài
芽菜 ngaa^4	芽菜 yá
颜色 ngaam^4	颜色 yán
眼镜 ngaan^5	眼镜 yǎn
蚂**蚁** ngai^5	蚂蚁 yǐ
艺术 ngai^6	艺术 yì
银行 ngan^4	银行 yín
硬件 ngaang^6	硬件 yìng
音**乐** ngok^9	音乐 yuè
骄**傲** ngou^6	骄傲 ào
平**安** ngon^1	平安 ān
欧洲 ngau^1	欧洲 ōu
高**矮** ngai^2	高矮 ǎi
牛肉 ngau^4	牛肉 niú

我们很容易发现，以上粗体字在广州话中都带一个鼻音声母，用字母ng表示，可是这些字在普通话里却属于零声母（“牛”字例外），也就是说，没有辅音声母，如an就单标注韵母，而i的前面就加上y，u的前面加上w等。当然，根据个人习惯，带ng声母的字，有的人也读成零声母，如：“安”读on^1，“欧”读au^1。

广州话的这个鼻音声母字在粤方言词中用得还比较多，比如：“啱”$ngaam^1$（对）、“嗌”$ngaai^3$（喊）、“奀”$ngan^1$（瘦小）、“噏”$ngap^7$（胡说）、“趻”$ngan^3$（抖动），等等。有一种现象是，现在有一部分年轻人，特别是香港的年轻人，他们说话时，往往把这个声母去掉，全部变成零声母音，他们自己不觉得怎样，可是上了年纪的人听起来就觉得很别扭，语言学家把这种现象叫做“懒音”，就是说像人懒一样，不愿意多发一个声母音。

二、有问有答（饮茶）

L-2-2.MP3

饮茶

强仔：早晨，张伯，咁早就到喇？

张伯：唔係吖，我都係啱啱至坐低之嘛。

服务员：两位，饮乜嘢茶？

强仔：张伯你钟意咩，铁观音啱唔啱吖？

张伯：我也都冇所谓，求其啦。

强仔：[对服务员]唔该，铁观音。

张伯：强仔，嗌嘢食喇，唔使客气㗎。

强仔：好吖，等我睇下先……嗯……一个虾饺、一个牛肉拉肠、一个皮蛋瘦肉粥……

张伯：要多个煎藕饼就OK喇。

强仔：张伯你今日约我出嚟係唔係想帮我介绍个女仔哩？

张伯：你真係醒目。我嘅外甥女，琴日由安徽嚟探我，而家就喺我屋企。

强仔：真係多谢你，张伯。快啲食，食完我埋单。

以上这段对话里面带ng这个音的字请留意，你能找出来吗？

词语注释

咁——这么，那么。这个“咁”与前面的“噉”翻译成普通话都可以是“这么”“那么”，但是“咁”表示程度，如：“咁大”（这么大）、“咁多”（那么多）；“噉”表示情貌，如“噉唔係几好”（这[么样]不太好”）。

啱啱——刚刚。

至——才。

坐低——坐下来。“瞓低”（躺下），相反的动作是“起身”（起来）。

之嘛——表示不重要，无所谓的语气，即“而已，罢了”的意思。

乜嘢——什么东西。可以单说“乜”，口语中这两个字还常常连读成“咩”me[1]。这说法在第一课的“有讲有笑”里已出现过了。

啱——有“对，合适”等意思。

嗌——喊、叫。

唔使——不用。如：“唔使返工”就是“不用上班”。

睇——看。

出嚟——出来，“嚟”就是“来”，在广州话口语里读成lai[4]。

女仔——女孩子。“男孩子”就说成“男仔”。

琴日——昨天。“明天”是“听日”，“今天”还是“今日”。

而家——现在。

喺——在。

屋企——家。注意，“屋”是“房子”，但“屋企”就是“家”。

埋单——结账。许多人把“埋单”写成“买单”，事实上应该念“埋”，只不过因为在普通话里声调正好与“买”一样而被误写。

普通话译文

喝茶

强仔：早上好，张伯，这么早就到了。

张伯：不，我也是刚刚坐下来。

服务员：两位，喝什么茶？

强仔：张伯你喜欢什么，铁观音行吗？

张伯：我什么都无所谓，随便吧。

强仔：［对服务员］劳驾，铁观音。

张伯：强仔，点东西吃吧，不要客气。

强仔：好的，让我先看一下……嗯……一个虾饺、一个牛肉拉肠、一个皮蛋瘦肉粥……

张伯：多要一个煎藕饼就行了。

强仔：张伯你今天约我出来是不是想给我介绍个女孩呢？

张伯：你真聪明，我的外甥女，昨天从安徽来看我，现在就在我家里。

强仔：真的感谢你，张伯。快吃，吃完我来付钱。

三、有讲有笑（先知妈咪）

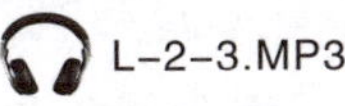

请听以下一则小笑话，想一想，它的笑点在哪儿？

先听几个生词：

广州话	普通话
细路仔	小孩子
倾偈	聊天
冇	没有
叻	聪明能干
攞	拿
求其	随便
眇	瞟
老窦	爸爸
咪	不是
畀	被
揞	捶打

有两个细路仔喺度倾偈。

一个问："你话世界上有冇好似诸葛亮咁叻嘅人，咩事都一早就知道晒嘅？"

另一个答佢："点解冇吖？我妈咪就係噉样嘅人啰。"

有两个小孩在那聊天。

一个问："你说世界上有没像诸葛亮那样厉害的人，什么事情都是早就全知道的？"

另一个回答他："怎么没有啊？我妈不就是那样的人么。"

“係唔係真㗎？”

“你唔信吖？我琴日攞张成绩单返屋企，我妈求其眇咗一眼就话，因住你老窦今晚返嚟打扁你。”

“后来呢？”

“后来咪真係畀老窦捹咗一餐啰。”

“是不是真的？”

“你不相信吗？我昨天拿回家一张成绩单，我妈随便看了一眼就说，小心你爸今天晚上回来把你揍扁了。”

“后来呢？”

“后来不就真的让老爸给揍了一顿呗。”

四、有声有“释”（广州饮茶） L-2-4.MP3

请认真地、反复地听以下录音，听不明白的就猜一猜，也可对照普通话翻译文本来听。最后，可以对照录音文本检查自己的听力结果。

提示

广州人说“饮茶”绝不仅仅是“喝茶”的意思。如果在家里说“你要饮茶还是饮咖啡”，那个“饮”就是“喝”的意思。但是，广州人说“得闲我哋去饮茶”时，这个“饮茶”就是到饭馆、酒楼边喝茶边吃点心。对话中提到的烧卖、虾饺、拉肠等，都是“饮茶”时常吃的点心食品。

普通话
翻译文本

甲：广州人喜欢喝茶，我是广州人，但我真的不喜欢喝茶。

乙：很少见你这样的广州人。

甲：其实我不是不喜欢喝茶时吃的那些东西，只是不喜欢茶楼的环境，人多声音大，吵闹得说话都听不到。

乙：许多人就是图那种热闹气氛。茶楼的茶没家里的好，为什么人们还是要去茶楼呢？那茶楼里有的东西是自己在家里做不了的，特别是点心。

甲：煮粥、煮面条、炒粉这些自己也会做。

乙：那烧卖、虾饺、牛肉拉肠呢，你就做不了，就算做得了也没茶楼师傅做得好吃。

甲：你是贪吃吧，我就不愿意了，宁可在家里清静些更好。

录音文本

甲：广州人钟意饮茶，我係广州人，不过我真係唔钟意饮茶。

乙：好少见你噉嘅广州人。

甲：其实我唔係唔钟意饮茶食嗰啲嘢，之不过係唔钟意茶楼嗰啲环境，人多声大，嘈到讲嘢都听唔倒。

乙：好多人就係贪嗰种热闹气氛。茶楼啲茶又唔够屋企啲靓，点解人哋仲係要去茶楼啫？

甲：啲茶楼有啲嘢係自己喺屋企整唔倒嘅，特别係啲点心。

乙：煲粥、煮面、炒粉呢啲啲嘅嘢自己都识整啦。

甲：啲烧卖虾饺、牛肉拉肠呢啲你就做唔倒，就算做倒都冇茶楼师傅整嘅好食啦。

乙：你为食啫，我就唔制嘞，宁愿喺屋企清净啲好过喇。

第三课

美美入声

第一课告诉我们只能小声说“不”，实际上，这说的是，“不”的意思在广州话口语中念“唔”，而“唔”字大声读不了，可是，真正的“不”这个字，在广州话里是可以大声念出的。“不”字属于入声字，而且音也比较高。一种方言里有了入声，说起话来就更加抑扬顿挫，显得更动听。

一、有字有音（-p\-t\-k）

一提起广州话，一般人都说声调很难，因为普通话只有四声，而广州话至少有九个声调。从音高来看，广州话声调实际上也没那么可怕，只有六七个，还有三个跟普通话不同的叫“入声”。所谓入声，就是说，有些字音的收尾是一个不发声的辅音，前面的元音发到这个地方时气流好像被堵住似的，不能继续拖长。广州话的入声有三种情况，就是分别以三个不同的辅音收尾，这三个辅音是p、t、k。入声在古代汉语中是存在的，不过发展到近代，在普通话里已消失，在广州话及其他方言中则不同程度地继续保留着，因此北方人对入声的掌握有点困难，南方人则容易理解。下面我们就来学习入声。

仔细听：七八十　一百六

以上这两组数字的广州话发音与普通话有什么不同？

七 $tsat^7$　八 bat^8　十 sap^9　一 jat^7　百 bak^8　六 luk^9

跟读以下词语，注意各字的声母读音：

词语	拟音
不必	bat^7 bit^7
毕业	bat^7 jip^9
笔墨	bat^7 mak^9
博客	bok^8 $haak^8$
落日	lok^9 jat^9
出席	$tsoet^7$ $dzik^9$
出息	$tsoet^7$ sik^7
出力	$tsoet^7$ lik^9
食粥	sik^9 $dzuk^7$
祝福	$dzuk^7$ fuk^7
急剧	gap^7 kek^9
热烈	jit^9 lit^9
曲折	kuk^7 $dzit^8$
国策	$gwok^8$ $caak^8$

词语	拟音
鸭肉	ngaap8 juk9
熟悉	suk9 sik7
垃圾	laap9 saap8
叔伯	suk7 baak8
竹叶	dzuk7 jip9
即刻	dzik7 hak7

你是否注意到，上面所有的字的拼音结尾归结起来有三种：p、t、k，这三个音被称为辅音，发音的方法是，气流先在口腔中的唇舌等部位堵着，然后突然放松，一喷而出，所以在语音学上有人称之为爆破音。当这个音用在一个韵母的后尾时，就形成了入声。发音发到最后把气流堵住，不让它冲出来，这样就可以读出入声来了。比如说发“十”，可以是这样的：sa→a→ap；发“七”是这样的：tsa→a→at；发“六”，可以是这样的：lu→u→uk。

二、有问有答（约会） L-3-2.MP3

约会

甲：今日几号吖？

乙：今日十八号。

甲：係不係礼拜六吖？

乙：係啊。点吖？

甲：弊！我琴日约咗陈生今日见面，差啲不记得咗添。

乙：你哋约咗几点喺边度见面吖？

甲：下昼一点喺白鹤洞。

乙：噉打个电话同佢讲下啦。

甲：弊，电话又冇电。借你部手机嚟用下啦。

乙：冇问题。陈生电话号码係几多？我帮你打啦。

甲：唔该哂！佢嘅电话号码係136535477888。

乙：噫，唔啱噃，点解多咗一个数嘅？

甲：哎，我懵晒嘞。算罢啦，我仲係坐的士赶过去好喇。

词语注释

弊——出现麻烦事情时感叹，即糟糕。

边度——哪里，有时单说“边”，如问话“你去边？”就是“你去哪儿？”“边”表示疑问，如“边个”是“谁”，“边间屋”是“哪间房子”。

下昼——下午。上午可说“上昼”，但“中午”不能说“中昼”，只能说“晏昼”。

懵——糊涂。

普通话译文

约会

甲：今天是几号？

乙：今天十八号。

甲：是星期六吗？

乙：是的。怎么了？

甲：糟糕！我昨天约了陈先生今天见面，差点忘了。

乙：你们约好几点在什么地方见面？

甲：下午一点在白鹤洞。

乙：那打个电话跟他说一下吧。

甲：糟糕，电话没电，借你的手机用一下吧。

乙：没问题。陈先生的电话号码是多少？我来帮你拨吧。

甲：谢谢！他的电话号码是136535477888。

乙：噫，不对呀，怎样多了一个数字呢？

甲：哎，我全糊涂了。算了，我还是坐出租车赶去好了。

三、有讲有笑（拍拖怪象） L-3-3.MP3

请听下面这段小笑话，现象是常见的，父母回答孩子的问题是精彩的。

其中几个生词先听一听：

广州话	普通话
拍拖	谈恋爱
为乜嘢	为什么
大髀	大腿
邋遢	脏
高踭鞋	高跟鞋
牙烟	危险
扭亲脚	扭伤了脚

有个细路仔喺公园度睇见啲人拍拖，有好多嘢都唔明，就问佢阿爸阿妈。

问：嗰个阿姨为乜嘢要坐喺个叔叔嘅大髀度嘅？

答：因为个阿姨怕张凳唔干净，会坐邋遢条裤，唔係就坐喺叔叔嘅大髀度啰。

问：嗰个阿姨点解要闻下叔叔个嘴嘅？

有个小孩在公园里看到一些人在谈恋爱，有很多东西都弄不明白，于是就问他的爸爸妈妈。

问：那个阿姨为什么要坐在那个叔叔的大腿上呢？

答：因为那个阿姨怕那张凳子不干净，会把裤子弄脏了，不就坐在叔叔的大腿上了。

问：那个阿姨为什么要闻一下叔叔的嘴巴呢？

答：叔叔话佢一日擦两次牙，阿姨唔信，闻下佢嘅嘴，睇下叔叔有冇讲大话。 问：嗰个叔叔为乜要抱住个阿姨行吖？ 答：阿姨着住对高踭鞋，行路好牙烟。叔叔惊佢扭亲脚啦嘛。	答：叔叔说他一天刷牙两次，阿姨不相信，闻一下他的嘴巴，看叔叔有没有说假话。 问：那叔叔为什么要抱着阿姨走呀？ 答：阿姨穿着一双高跟鞋，走路很危险。叔叔担心她把脚给崴了嘛。

四、有声有“释”（真正朋友）

L-3-4.MP3

请认真地、反复地听以下录音，听不明白的就猜一猜，也可对照普通话翻译文本来听。最后，可以对照录音文本检查自己的听力结果。

提示

这一段对话谈及的是朋友之间交往的问题。

靓女，字面翻译是“美女”，但现在成了广州人对陌生年轻女性的一种称谓。广州话里另一个词是“吟女”，即“小女孩”的意思，当用于面称时，显得不太尊重对方，甚至是轻蔑。如果是男性，则有“靓仔”和“吟仔”的分别，可见，声调不同意思差远了，可别说错了。

普通话
翻译文本

甲：我昨天在你们学校门口看见你跟一个美女聊天。

乙：哦，那个是我大学的同学，她来广州开会，顺便来找我见见面。

甲：你在广州朋友多吗？

乙：不多，几个要好的朋友都是以前大学的同学，有的是现在的同事。

甲：其实平时大家工作都忙，都没什么机会见朋友。

乙：都是在过年过节，或者有什么特别的事儿，才会聚在一起，平时真的很少见面，连电话也不打一个，最多就发条短信问候一下。

甲：也是的，每天那么多事情要做，哪有空啊。

乙：其实不是说非得常常坐在一块喝茶吃饭才是朋友，真正的好朋友，不管什么时候，有事情都会帮忙的。

甲：这句话就对了。

录音文本

甲：我琴日喺你哋学校门口见你同个靓女倾偈。

乙：哦，嗰个係我大学同学嚟嘅，佢嚟广州开会，顺便嚟揾我见下面啫。

甲：你喺广州多唔多朋友吖？

乙：唔多，几个好啲嘅朋友都係旧时大学同学，有啲係而家啲同事。

甲：其实平时大家工作都咁忙，都冇乜机会见朋友。

乙：过年过节，或者有乜嘢特别嘅事，先至会聚埋一齐，平时真係好少见面，连电话都唔多个，至多发条短信问候瞰。

甲：瞰又係嘅，日日咁多嘢做，边得闲吖？

乙：其实唔係话时时坐埋饮茶食饭先係朋友嘅，真正係好朋友嘅话，唔理几时，有事叫到都会帮手。

甲：呢句就真。

第四课

六声九调

广州话的声调常令学习者望而却步。大家知道，普通话有阴、阳、上、去四声，其实广州话就比普通话多了两声，一共六声，为何人们常常说广州话有九个声调呢？那只不过是把第三课我们学过的三个入声也算上了。所以，广州话声调并没那么可怕。

一、有字有音（平上去六声）

都说广州话有六声九调，那我们来听一下六声是怎么样的，看能不能分辨出来：

阴平（1）	阴上（2）	阴去（3）	阳平（4）	阳上（5）	阳去（6）
夫	府	富	扶	妇	父
分	粉	粪	坟	奋	份
诗	史	试	时	市	是

通过上面三行字，我们可以发现广州话声调有以下几条规律：

1．第一列的“阴平”，声调和普通话一样。

2．第二列的“阴上”，听起来就跟普通话的阳平（即第二声）一样。第四列的“阳平”，听起来跟普通话的上声（即第三声）差不多。

3．第三、五、六列字在普通话里都念去声（即第四声），可是在广州话中却分别为三个声调。

根据这几条对应规律，我们可以这样理解：

1．普通话和广州话第一声念法相同。

2．普通话念第二声的字在广州话中念成普通话第三声的音高；普通话念第三声的字在广州话中念成普通话第二声的音高。也就是说，普通话第二和第三声的字在广州话中的音高正好反过来。

3．普通话的第四声字在广州话中可以有三种声调，这可能也是学习难度最大的地方，比如说，“富人”还是“妇人”，在普通话中同音，而广州话却不同调。这些只能通过多听多说、注意辨别来熟悉。

同样，我们前面学过的入声字可分为阴入、中入和阳入三类，它们的音高分别与以上的阴平、阴去和阳去相对应，只不过是以辅音收尾罢了。如：

阴平（1）	阴去（3）	阳去（6）	阴入（7）	中入（8）	阳入（9）
诗	试	是	式	锡	食
分	粪	份	忽	发	佛

试跟读以下词语并指出每个字的声调：

1．正副（ 3/3 ）　　正负（　　）
2．政府（　　）　　政治（　　）
3．妇科（　　）　　副科（　　）
4．富人（　　）　　妇人（　　）
5．细路（　　）　　大路（　　）
6．唱歌（　　）　　唱戏（　　）
7．电子（　　）　　电脑（　　）
8．天地（　　）　　天线（　　）
9．时候（　　）　　时代（　　）
10．报纸（　　）　　报告（　　）

答案

1. 正副（ 3/3 ）　　正负（ 3/6 ）
2. 政府（ 3/2 ）　　政治（ 3/6 ）
3. 妇科（ 5/1 ）　　副科（ 3/1 ）
4. 富人（ 3/4 ）　　妇人（ 5/1 ）
5. 细路（ 3/6 ）　　大路（ 6/6 ）
6. 唱歌（ 3/1 ）　　唱戏（ 3/3 ）
7. 电子（ 6/2 ）　　电脑（ 6/5 ）
8. 天地（ 1/6 ）　　天线（ 1/3 ）
9. 时候（ 4/6 ）　　时代（ 4/6 ）
10. 报纸（ 3/2 ）　　报告（ 3/3 ）

练习广州话的声调，可试读一读：

三九四，零五二，七八十

真好笑，牛上树，识着屐

上面一行九个字，正好是符合六声九调的顺序，可以多练习，遇到其他字无法掌握声调时，用这些字来作对比，就能知道该字读什么声调。

二、有问有答（问路）

L-4-2.MP3

问路

甲：阿生，唔该问下，由呢度去上下九坐几路车吖？

乙：嗯，我谂下先……哦，我谂你坐地铁去会方便啲。

甲：地铁站喺边度？

乙：行前啲就睇到喇。

甲：唔该。噉坐到边个站落车吖？

乙：坐一号线去到长寿路站落车，喺恒宝广场嗰个出口出嚟，就係宝华路，跟住转右手边行冇几远转左，嗰条路就係下九路喇。

甲：唔该晒。

乙：唔使客气。

甲：仲想问下，假如我坐巴士又点去呢？

乙：下九路係步行街，巴士唔行嗰度，要喺附近落车行过去。

甲：噉坐的士呢？

乙：的士就梗係得啦，不过就畀多啲钱啫。

甲：噉我打的去算了，费事逼车喇。

词语注释

呢度——这里。嗰度，那里；边度，哪里。

谂——想。

边个站——哪个站。边个学校、边间公司、边个朋友。

嗰个——那个。呢个，这个；边个，哪个。

跟住——接着。落咗班跟住返屋企。（下了班接着回家。）

梗係——当然，一定。借人钱梗係要还。（借人家的钱当然要还。）

畀——给。畀一蚊鸡我。（给我一块钱。）

费事——懒得。费事睬佢。（懒得理他。）

逼——挤。

普通话译文

问路

甲：先生，请问，从这里去上下九该坐哪一路车？

乙：嗯，让我想想……哦，我想您坐地铁去会比较方便。

甲：地铁站在哪儿？

乙：往前走一点就看到了。

甲：谢谢。那到哪个站下车呢？

乙：坐一号线到长寿路站下车，在恒宝广场那个出口出来，就是宝华路，接着往右转走不远再转左，那条路就是下九路了。

甲：太感谢了。

乙：不客气。

甲：还想问一下，如果我坐公共汽车该怎样去呢？

乙：下九路是步行街，公共汽车不走那儿，要在附近下车走路过去。

甲：那坐出租呢？

乙：出租当然行了，不过就多花点钱呗。

甲：那我坐出租去好了，懒得挤车。

三、有讲有笑（上北大之路）

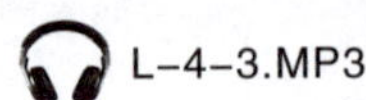

请听下面的段子，老人家懂得真多，他说得对吗？

先听几个生词：

广州话	普通话
后生仔	年轻人（男性）
啱好	刚好
揸住	拿着
实冇错	一定错不了。实，一定；冇错，没错。

一个后生仔第一次去北京，想去北京大学睇下。落咗车，佢唔知点行至去得到北京大学。啱好有个老人家行咗过嚟。老人家戴住眼镜，手度揸住几本书，十足教授嘅个样。后生仔谂，问佢实冇错嘿啦。

后生仔好有礼貌噉问老人家："老人家，唔该问下，点至去得到北京大学吖？"

老人家睇咗下个后生仔，好淡定噉讲："读书、学习，努力读书、努力学习，噉你就一定去得到北京大学啦。"

一个年轻人第一次去北京，想到北京大学参观一下。下车后，他不知道该怎样走到北京大学。正好有个老人家走了过来。老人家戴着眼镜，手里拿着几本书，十足教授的样子。年轻人想，问他准错不了。

年轻人非常有礼貌地问老人家："老人家，劳驾问一下，怎样才能去得了北京大学？

老人家看了一下这个年轻人，非常平静地说："读书、学习，努力读书、努力学习，那你一定到得了北京大学了。"

四、有声有“释”（声调趣事） L-4-4.MP3

请认真地、反复地听以下录音，听不明白的就猜一猜，也可对照普通话翻译文本来听。最后，可以对照录音文本检查自己的听力结果。

提示

以下一段对话谈及广州话的声调，原来土生土长的人也曾遇到声调的困扰，但是，也不必谈声调而色变，其实是有规律可循的。

声调不同，就是音高的不同，就像唱歌那样，简谱用1 2 3 4 5 6 7 表示由低到高的音。语言中声调也是一样，如果用简谱的数字来表示的话，广州话的九个声调分别是：

三55　九35　四33　零21　五23　二22

七5　八3　十2

（“七、八、十”是入声）

普通话 翻译文本

甲：广州话的声调都挺让人为难的，许多北方人学习广州话，一说到声调就头疼。

乙：别说北方人，我自己是广州人也都曾经说错。

甲：不是吧？

乙：记得我小时候，有一次跟小朋友聊天，我说我明天要去“站岗”。小朋友问我，去哪儿站？其实我是想说，我明天去湛江，把“湛”念成“站”。

甲：读小学的时候，我们班有个同学，总是分不出“何老师”和“贺老师”。“何”同“贺”，他都读同一个音，所以经常闹笑话。

乙：其实学好声调的方法就是掌握基本读音，遇到不懂的音，对着照念就行，比如有人总结出规律：“三、九、四，零、五、二，七、八、十”，九个数字就正好是九个声调。还有：“他想去田野住一百日”。

甲：挺有趣的，不过还是要多练习就行了。

录音文本

甲：广州话嘅声调都几虾人咯噃，好多北方人学广州话，一讲到声调头都大晒。

乙：咪话北方人，我自己广州人都试过讲错嘢啦。

甲：唔係啩？

乙：记得我细个嗰阵，有一次同朋友仔倾偈，我话我听日去站岗。朋友仔问我，去边度站吖？原来我係想话，我听日去湛江，将“湛”讲成“站”。

甲：读小学嗰阵我哋班有个同学，成日都分唔出“何老师”同“贺老师”，“何”同“贺”，佢都读同一个音，所以经常搞出大头佛。

乙：其实学好声调嘅方法就係掌握基本读音，遇着唔识嘅音就对照住读就得，比如有人总结出规律：“三、九、四，零、五、二，七、八、十”，九个数字就啱好係九个声调。仲有：“他想去田野住一百日”。

甲：好有趣，不过仲係要多啲练习下就得喇。

第五课 母鸡唔知

广州人说普通话时常常被人笑话的几个突出的音就是分不出"自己"和"积极";"支持"和"机器";"失望"和"希望"等。某年中央电视台春节晚会上一个小品，就把广州人说普通话给"丑化"了一把，剧中人把广州话的"唔知"(不知道)说成"母鸡"。这一课，我们就会告诉大家，"母鸡"是怎样炼成的?

一、有字有音(dz\ts\s)

说普通话的人都知道，汉语拼音方案中的声母里有这么三套音，即zh(知)ch(吃)sh(诗)、z(资)c(雌)s(思)和j(基)q(欺)x(希)。按照语言学的术语，分别叫做舌尖后音、舌尖前音和舌面音。广州话里的声母系统里完全没有这些音，相对应的在广州话里念的叫做舌叶音。这些听起来都太专业、太复杂了，我们用简单的方法处理一下，叫做"化三为二"，也就是说，普通话里的这三套音到广州话里变成两套就差不多了。规律是这样的:跟开口度大的韵母相拼时，大致发普通话的z、c、s音;跟开口度小的韵母相拼时，大致发普通话的j、q、x音。换句通俗点的话说，就是你说话时需要张大嘴巴的音就用z、c、s，不需要张大嘴巴的音就用j、q、x。不过，我们在标注拼音时并不区别对待，就用一套，即dz、ts、s。听一听、读一读下面的音就可体会出来。

用广州话跟读以下词语，注意各字的声母读音：

词语	拟音
早晨	dzou^2 san^4
采摘	tsoi^2 dzak^9
创作	tsong^3 dzok^8
山寨	saan^1 dzaai^6
收成	sau^1 sing^4
搜集	sau^1 dzap^9
写字	sie^2 dzi^6
食饭	sik^9 faan^6
示范	si^6 faan^6
支持	dzi^1 tsi^4
诗词	si^1 tsi^4
新书	san^1 sy^1
先生	sin^1 saang^1
小姐	siu^2 dzie^2

词语	拟音
煮餸	dzy² sung³
尊重	dzyn¹ dzung⁶
子孙	dzi² syn¹

广州话说“知”听起来像普通话的“鸡”。“知道”，广州话说dzi¹ dou³，那“不知”就是“唔知”，拼音为m⁴ dzi¹，听起来就像普通话说“母鸡”。所以我们开头提到的笑话就是这样来的。有些广州人学说普通话时也是“知”“鸡”不分。

下面是两条绕口令，试听、试读：

- 黐线蜘蛛条蜘蛛丝黐住支树枝。
- 狮子山上狮山寺，山寺门前四狮子。山寺是禅寺，狮子是石狮。狮子看守狮山寺，禅寺保佑石狮子。

第二条也可用普通话来念，可作比较。

二、有问有答（天气） L-5-2.MP3

天气

甲：阿陈你急急脚噉去边吖？

乙：赶住去返工啰。

甲：睇样会落雨噃，你唔带翻把遮？

乙：唔会啩？天气预报都冇话会落雨。

甲：天气预报未必咁准嘅。仲係带把遮稳阵啲。

乙：係咧，点解而家都就嚟五一喇，仲未热嘅？

甲：有乜出奇啫。记得我哋细个嗰阵，五一节着冷衫都试过啦。

乙：係唔係真㗎？

甲：呃你做乜啫？

乙：唔同你讲喇，我行先喇。

甲：咪行住，等埋我。

以上对话中有下划线的词要注意，听听：

陈生——阿陈　　一样——睇样　　一阵——嗰阵

同样一个字，在前后两组词里的声调是不一样的，这在广州话里叫做变调，是很常见的现象，以后多留意，慢慢就会掌握其规律了。

词语注释

急急脚——走得很快的样子。试想一下，“快快手”是什么意思？

返工——上班。返，是“回”的意思。返屋企，回家；返学，上学。

翻——用在动词后面的助词，表示一种动作的结果，“带翻把遮”就是“带上一把伞”。再如：着翻件衫（穿上一件衣服）；关翻个掣（合上那开关）。

遮——伞。

啩——语气词，相当于“吧”。

稳阵——保险，牢固。如：提前三个钟到机场就稳阵啲。（提前三个小时到机场就比较保险。）呢张台好稳阵㗎。（这张桌子很牢固的。）

点解——为什么。

就嚟——快要。如：煮好饭未吖？我就嚟饿死喇。（饭做好了吗？我快要饿死了。）

嗰阵——那个时候，普通话也有“那阵子”的说法。

冷衫——毛线衣。广州话把“毛线”叫“laang[1]”，因为没这个汉字，用“冷”来代替，声调是不同的。

呃——骗。

啫——语气词，用反问来表示委婉地反驳对方。

咪——别，不要。

埋——用在动词后面，表示一个范围，例如：“等埋我”就是“等一等我”，把“我”算在等的范围里。佢哋行咗先，你唔使急，我会等埋你。（他们先走了，你不用急，我会等你。）

普通话译文

天气

甲：小陈你急急忙忙上哪去啊？

乙：急着上班呀。

甲：看样子会下雨的，你不带上一把伞？

乙：不会吧？天气预报也没说要下雨。

甲：天气预报也不那么准确。还是带把伞保险些。

乙：对了，为什么现在快到五一了，还没热呢？

甲：这有什么奇怪的。记得我们小的时候，五一节时穿毛衣也有过。

乙：是不是真的？

甲：骗你干嘛？

乙：不跟你说了，我先走了。

甲：先别走，等我一下。

三、有讲有笑（丑女化妆）

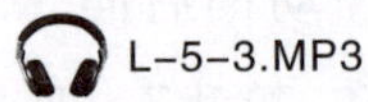

听以下一段对话，你遇到过这样的上司吗？先看几个生词：

广州话	普通话
老细	老板
捉	抓、拿
闹	骂

老细去到公司一个部门办公室，见几个女员工喺度化紧妆，就捉个经理嚟闹：“你啲手下上班时间喺个办公室度化妆，你做乜嘢都唔理下㗎？”经理冇出声。老细行开之后，经理对啲女员工讲：“唔使理佢，边个要化妆就照化。”班女员工个个都话经理好人。经理跟住细细声噉讲：“个样生得咁丑，仲唔畀人化妆，叫人点做嘢吖？”

老板到公司的一个部门办公室去，看见几个女员工正在那儿化妆，就把经理叫过来剋一顿：“你手下的人上班时间在办公室化妆，你为什么就不管一下？”经理不做声。老板走了之后，经理对那些女员工说：“不用管他，谁要化妆就继续化。”那些女员工都说经理是好人。经理随后小声地说道：“那样子长得那么丑，还不让化妆，叫咱怎么干活呀！”

四、有声有“释”（买餸煮饭） L-5-4.MP3

请认真地、反复地听以下录音，听不明白的就猜一猜，也可对照普通话翻译文本来听。最后，可以对照录音文本检查自己的听力结果。

买菜做饭是日常家务，这段对话谈的就是“吃饭”问题。

1. 广州话说买餸，就是“买菜”。“餸”就是饭桌上除了米饭主食以外的肉菜。“餸”还可以是个动词，以菜下饭，就叫“餸饭”。

2. 广州话说人民币的单位，元是“蚊”，口语中还可以说成“蚊鸡”。角是“毫”，也可说成“毫纸”。“分”现在多数人就说“分”，过去说“仙”。用作算钱的时候，已不太用“仙”（香港除外），可是在口语中如说“一分钱也没有”，就常会说“一个仙都冇”。

普通话 翻译文本

甲：听说现在许多年轻人都不自己做饭，每顿都到外面吃。

乙：顿顿做饭是好烦的，但在外面吃又怕不卫生，多吃了没好处。

甲：光是做饭还算好，最烦的是买菜，到了市场也不知道买些什么好。

乙：平时都是买些猪肉、鸡、鱼和菜，过年过节就多买些好菜，像虾蟹海鲜、烤鹅烤肉等。

甲：天天不是猪肉就是鱼，再好吃都会厌的。

乙：青菜就不会厌，一餐没青菜都不习惯。过去说穷人没钱只是吃咸鱼青菜，现在的青菜，算起来比吃鱼吃肉还贵呀。

甲：没这么夸张吧？

乙：什么夸张？买一条普通的鱼就几块钱，青菜也要几块钱一斤，你说夸张不夸张？还有，现在的人动不动就说养生，不敢吃太多肉，青菜就多吃点，所以买菜的钱比买肉的钱要多。

甲：时代不同了，看开点吧。

录音文本

甲：听讲而家好多后生仔女都唔自己煮饭，餐餐都喺出边食。

乙：餐餐煮饭係好烦嘅，之不过喺出边食又怕唔係几卫生，食得多，冇乜益嘅。

甲：净係煮都唔算好烦，最烦嘅係买餸，去到市场都唔知买乜好。

乙：平时都係买猪肉吖、鸡吖、鱼吖同埋菜吖，过年过节就买多啲好餸啰，譬如虾蟹海鲜吖、烧鹅烧肉啲噉嘅嘢。

甲：日日唔係猪肉就係鱼，几好食都厌啦。

乙：青菜就唔会厌，一餐冇青菜都唔惯。旧时话穷人冇钱净係食咸鱼青菜，而家啲青菜，计起来仲贵过食鱼食肉吖。

甲：冇咁夸张挂吖？

乙：乜夸张啊？买条普通嘅鱼几蚊鸡，青菜又係几蚊鸡一斤，你话夸唔夸张嘞？仲有吖，而家啲人郁下就讲养生，唔敢食咁多肉，青菜就食多啲，所以买菜钱多过买肉钱㗎。

甲：时代唔同喇嘛，睇开啲啦。

第六课

嗽就搞掂

这些年人们常用“搞定”这个词，表面上看是文从字顺的，而实际上，这个词来源于广州话，而广州话并不念“搞定”，而是念“搞掂”，但是，这“掂”字在普通话中没有相对应的读音，只好迁就读成“搞定”了。

一、有字有音（-m）

广州话的“掂”字，尾音是m，也就是说，是一个闭口的鼻音收尾，这在普通话中是没有的，因此，其他方言区的人学习广州话时，这个音往往掌握得不太好，看看下面这句话：

三蚊鸡买三件衫

（三块钱买三件衣服）

这句话中的“三”和“衫”是同音字，如果用拼音来写，都写作saam[1]。说普通话的人发这个音时常常发成“山”，按拼音，广州话的“山”应写作saan[1]。其实发saam音也不难，就是念到最后时把双嘴合起来，让气流从鼻子出来就行。发音的过程是s—aa—m。

比较以下词语，留意带点字的读音。

餐厅 tsaan¹ teng¹——参加 tsaam¹ gaa¹

残忍 tsaan⁴ jan²——惭愧 tsaam⁴ kui³

高薪 gou¹ san¹——高深 gou¹ sam¹

弹琴 taan⁴ kam⁴——谈心 taam⁴ sam¹

赞扬 dzaan³ joeng⁴——车站 tsie¹ dzaam⁶

单身 daan¹ san¹——担心 daam¹ sam¹

伸手 san¹ sau²——深沉 sam¹ tsam⁴

欣赏 jan¹ soeng²——阴阳 jam¹ joeng⁴

音乐 jam¹ ngok⁹——恩人 jan¹ jan⁴

饮茶 jam² tsaa⁴——隐藏 jan² tsong⁴

新人 san¹ jan⁴——森林 sam¹ lam⁴

电话 din⁶ wa²——商店 soeng¹ dim³

建设 gin³ tsit⁸——刀剑 dou¹ kim³

贡献 gung³ hin³——欠债 him³ dzaai³

以上带点的字，音节最后的音都是闭口的m。注意，用普通话念这些字时，都是以n结尾的，请留意听，比较一下。

二、有问有答（睇病） L-6-2.MP3

睇病

甲：边度唔舒服吖？

乙：唔知係唔係琴晚冻亲呢，今朝起身就觉得发冷、头痛，仲打乞嗤流鼻水添。

甲：有冇喉咙痛、咳嗽吖？

乙：喉咙有啲痕痕地，亦有几声咳。

甲：擘大口畀我睇下喉咙。

乙：我自己揾咗啲药嚟食过㗎喇。

甲：有事就要睇医生，千祈唔好立乱食药啊。返去饮多啲水，救两日就冇事嘞。

乙：唔该晒你，医生。

甲：唔使唔该，去嗰边执药啦。

词语注释

琴晚——昨晚。琴日，昨天。需要注意的是，昨夜，绝对不能说“琴夜”；昨天，绝对不能说“琴天”。

冻亲——着凉。亲，用在动词后面，表示由于该动作引起的不良后果。如“吓亲你”，就是“把您给吓着了”。

打乞嗤——打喷嚏。“乞嗤”还是个象声词。

添——“仲流鼻水添”，可以把“仲……添”看成一个结构，表示“还……”“更……”的意思。如：佢肚饿，仲发烧添。（他肚子饿，还发烧。）

痕痕地——有点痒。单音节形容词重叠后加上“地”，表示“有点……”的意思。如：热热地（有点热）；红红地（有点红）；痛痛地（有点痛）。不过要注意的是，重叠后的形容词声调要改变，读第二声，如：痕痕地读作 han^4 han^2 dei^2。

擘——张开。

揾——找。

千祈——千万。

立乱——乱，随意。

敨——歇，休息。呼吸，广州话说“敨气”，大概休息就是要喘一口气吧。

执药——抓药。“执”意思是捡、拾、收拾。如：执到钱（捡到钱），执下间屋（收拾一下房子）。

普通话译文

看病

甲：哪儿不舒服呢？

乙：不知道是不是昨天晚上着凉了，今天早上起来就觉得发冷、头痛，还打喷嚏流鼻涕呢。

甲：喉咙疼吗？咳嗽吗？

乙：喉咙痒痒的，有点儿咳嗽。

甲：张开口让我看看喉咙。

乙：我自己找过些药吃了。

甲：有事就要看病，千万不能乱吃药啊。回去多喝点水，休息两天就好了。

乙：谢谢您了，医生。

甲：不用谢，到那边抓药吧。

三、有讲有笑（难为老师）

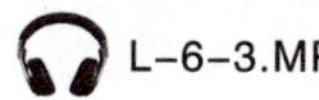

以下这段对话比较简单，仔细听，看你听了后会不会发笑。

生词有一个：唔净止，是“不但，不止”的意思。

学生：老师，你话地球係不停嘅转嘅，点解我一啲都感觉唔到嘅？

老师：唔净止你感觉唔到，係人都感觉唔到㗎。

学生：点解我老窦有时话佢会感觉到地球转嘅呢？

学生：老师，您说地球是不停地转动的，但为什么我一点都没感觉到呢？

老师：不只你一个人感觉不到，所有人都感觉不到的。

学生：为什么我爸有时候说他会感觉到地球在转动呢？

老师：你老窦咩时候会噉讲吖？
学生：饮完酒嗰阵啰。

老师：你爸什么时候这样说呢？
学生：喝完酒的时候呀。

四、有声有“释”（健康第一）L-6-4.MP3

请认真地、反复地听以下录音，听不明白的就猜一猜，也可对照普通话翻译文本来听。最后，可以对照录音文本检查自己的听力结果。

这段对话有几个常用的动词注意一下：

揾钱——“揾”本来是“找”的意思，在这里用在“钱”的前面，就是“赚钱”的意思。

攞命——“攞”是“拿、取”的意思，“攞命”直译就是“取命”，翻译成普通话就是“要命”。

搣牙——“搣”是“拔”，在广州话里还有“扯”的意思。

普通话
翻译文本

甲：怎么没精没神的，有啥不妥了？

乙：伤风流鼻水，头有点疼。

甲：看医生了吗？

乙：刚刚才从医院回来，打了两个小时的吊针。

甲：不就感冒吗，要打吊针？

乙：刚才有点发热，医生不就要打吊针了。

甲：要那么紧张吗？现在的医院想赚钱罢了，动不动就说要打吊针。有时候看一次感冒也要三几百块钱，真要命！

乙：人家说，“牙疼不是病，一疼要你命”。你不知道，前几天我去拔一颗牙都花了我一百多块钱，还要去了好几次才行，真要命啊。

甲：所以说吧，少吃一点无所谓，最要紧的是别生病。

乙：说得是。

录音文本

甲：乜冇神冇气噉嘅，有咩唔妥吖？

乙：伤风流鼻水，头赤赤噉。

甲：有冇睇医生吖？

乙：啱啱至由医院返嚟，打咗两个钟吊针。

甲：感冒之嘛，要打吊针？

乙：求先有啲发烧，医生唔係就要打吊针啰。

甲：使乜咁紧张吖，而家啲医院揾钱之咩，郁下就话打吊针。有时睇次伤风感冒都要三几百蚊，真係拶命！

乙：人哋话吖，"牙痛唔係病，痛亲拶你命"。你都唔知，早几日我去搣只牙都使咗我百几蚊吖，仲要去咗几次先搞得掂添嗰，真係拶你命吖。

甲：所以话啫，食少啲都冇所谓，最紧要冇病冇痛。

乙：噉又係吖。

第七课

去街买鸡

本课题目中的“街”和“鸡”在普通话中发音相去甚远，在广州话中其实也完全不同，可是说普通话的人却不容易分辨，他们听这两个字觉得是同音的，发音就更加困难了。这就是所谓广州话长短音的区别。“街”是长元音，念gaai；“鸡”是短元音，念gai，刚接触广州话的人比较难分辨。

一、有字有音（长短元音）

广州话的韵母有所谓长短元音的区别，其实我们在上一课已经接触到，只不过我们的注意力放在了鼻音韵尾上，看一下“三蚊鸡买三件衫”这句话，我们把“三”和“衫”的拼音写作$saam^1$，里面有两个aa，这就表示是“a”的长音；如果是短音的话，我们就用一个“a”来表示，$saam^1$变成sam^1，就是“心”“深”这两个字的读音了。所以“鸡”的音我们就写作gai^1。好了，我们来读一读以下的词语，留意比较长短音不同的字。

行街——行人	考试——口试
残忍——诊室	效果——后果
晒衫——细心	均匀——关怀
弹琴——山林	平凡——平分
鞋袜——站立	快慢——费用
单身——担心	问题——馒头
失败——关闭	猜测——妻室
大细——态势	客人——黑人
挂心——怪物	夹杂——执笠
计较——讲究	垃圾——合十
世界——大计	生意——增加
参加——参差	高矮——肥瘦
监禁——阴暗	朋友——行路
立法——执罚	争气——争执
弯曲——温习	先生——生活
牛奶——山泥	行路——行为
教训——瞓觉	鸡鸭——心急

上面词语中有的读长元音，有的是短元音，仔细听一下，比较一下，做一个练习，试把上面的字按长短音分成两组，看能不能找出相应的韵母。

答案

行街 hanng^{4} gaai^{1} —— 行人 hang^{4} jan^{4}

残忍 tsaan^{4} jan^{2} —— 诊室 tsan^{2} sat^{7}

晒衫 saai^{3} saam^{1} —— 细心 sai^{3} sam^{1}

弹琴 taan^{4} kam^{4} —— 山林 saan^{1} lam^{4}

鞋袜 haai^{4} mat^{9} —— 站立 dzaam^{6} lap^{9}

单身 daan^{1} san^{1} —— 担心 daam^{1} sam^{1}

失败 sat^{7} baai^{6} —— 关闭 gwaan^{1} bai^{3}

大细 daai^{6} sai^{6} —— 态势 taai^{3} sai^{6}

挂心 guaa^{3} sam^{1} —— 怪物 gwaai^{3} mat^{9}

计较 gai^{3} gaau^{3} —— 讲究 gong^{2} gau^{3}

世界 sai^{3} gaai^{3} —— 大计 daai^{6} gai^{3}

参加 tsaam^{1} gaa^{1} —— 参差 tsam^{1} tsi^{1}

监禁 gaam^{1}gam^{3} —— 阴暗 jam^{1} ngam^{3}

立法 lap^{9} faat^{8} —— 执罚 dzap^{7} fat^{9}

弯曲 waan^{1} kuk^{7} —— 温习 wan^{1} dzap^{9}

牛奶 ngau^{4} naai^{5} —— 山泥 saan^{1} nai^{4}

教训 gaau^{3} fan^{3} —— 瞓觉 fan^{3} gaau^{3}

考试 haao^{2} si^{3} ——口试 hau^{2} si^{3}

效果 haao^{6} gwo^{2} —— 后果 hau^{6} gwo^{2}

均匀 gwan^{1} wan^{4}—— 关怀 guaan^{1} waai^{4}

平凡 ping^{4} faan^{4} —— 平分 ping^{4} fan^{1}

快慢 faai^{3} maan^{6} —— 费用 fai^{3} jung^{6}

问题 man^{6} tai^{4} —— 馒头 maan^{6} tau^{4}

猜测 tsaai^1 tsaak^7 —— 妻室 tsai^1 sat^7

客人 haak^8 jen^4 —— 黑人 hak^7 jen^4

夹杂 kaap^8 dzap^9 —— 执粒 dzap^7 lap^7

垃圾 laap^9 saap^8 —— 合十 hap^9 sap^9

生意 saang^1 ji^3 —— 增加 dzang^1 gaa^1

高矮 gau^1 ngai^2 —— 肥瘦 fei^4 sau^3

朋友 pang^4 jau^5 —— 行路 haang^4 lou^6

争气 dzaang^1 hei^3 —— 争执 dzang^1 dzap^7

先生 sin^1 saang^1 —— 生活 sang^1 wut^9

行路 haang^4 lou^6 —— 行为 hang^4 wai^4

鸡鸭 gai^1 ngaap^8 —— 心急 sam^1 gap^7

二、有问有答（消费） L-7-2.MP3

消费

甲：哗，嗰条街度咁多人排队，做乜嘢吖？

乙：你唔知吖？买金喇嘛。

甲：买金？啲人发咗达吖？

乙：发唔发达就唔知，不过佢哋买金就好似买菜噉。

甲：使唔使咁夸张吖？

乙：一啲都冇夸张，新闻都有卖，话而家啲金好平。

甲：嗷你去买翻份吖？

乙：我先至冇咁戆居，有钱唔好捞去周游世界。

甲：嗷就係吖。买啲好嘢食下，买件靓衫着下都好㗎。

乙：计我话，买金不如买只鸡好过喇。

甲：我哋啲穷鬼先至係嗷谂嘅啫，行啦。

词语注释

啲人——那些人。“啲”是个量词，“些”的意思。在广州话里，“代词+量词+名词”或者“一+量词+名词”这样的结构中，代词和数词“一”多数情况下是省略的，形成固定的“量词+名词”的结构。“啲人”也就是“嗰啲人（那些人）”。又如：畀件衫我（给我一件衣服）；着翻对鞋（穿上一双鞋子）；食啲嘢（吃一点儿东西，吃一些东西）。

平——便宜。音 $peng^4$。

先至——才，也可以单说一个“先”，意思一样。

戆居——傻，愚笨。

谂——想，思考，认为。

普通话译文

消费

甲：哗，那条路上那么多人排队干嘛？

乙：你不知道吗？买金呗。

甲：买金？那些人发财了？

乙：发财不发财就不知道，不过他们买金就好像买菜一样。

甲：用不着这么夸张吧？

乙：一点也没夸张，新闻也有说到，现在的金很便宜。

甲：那你也去凑个热闹啊。

乙：我才没那么笨，有钱还不如拿去周游世界。

甲：那也是。买些好东西吃，买些好衣服穿也好啊。

乙：照我说，买金不如买一只鸡吃了更好。

甲：我们这些穷鬼才是这样想的，走吧！

三、有讲有笑（快食奶奶）  L-7-3.MP3

下面这段话听起来是笑话，可是现实生活中也许真的能用得着，有些人也是用这类似的方法来学习外语或者其他方言的。

广州话	普通话
菲佣	香港人的说法，指菲律宾籍保姆。
BB	婴儿，也许是来自英语的baby。
喊嘫口面	哭丧似的表情。喊，哭。口面，脸面。

有个香港人，娶咗老婆生咗个仔，请咗个菲佣做保姆。有一日，个BB仔不停嘫喊，可能係肚仔饿喇。佢妈咪叫个保姆喂啲奶畀BB食。保姆话，我畀咗佢食㗎喇，不过佢唔肯食。妈咪话："佢边度识听英文啫？你讲广东话，佢就食㗎喇。"保姆喊嘫口面话："我唔识讲广东话。"BB仔个妈咪好淡定，对个保姆话："你就用英文讲55699就得㗎喇。"

有个香港人，娶了老婆生了个儿子，请了一个菲律宾人当保姆。有一天，那孩子不停地哭，可能是肚子饿了。他妈就叫那保姆给他喂奶。保姆说："我给他吃了，但他不肯吃。"他妈说："他哪会听英语呢？你说广东话吧，他就会吃了。"保姆哭丧着脸说："我不会说广东话。"孩子的妈妈很淡定，对保姆说："你就用英语讲55699就行了。"

（注：英语的55699，发音似广州话说"快快吃奶奶"。）

四、有声有“释”（投资买楼） L-7-4.MP3

请认真地、反复地听以下录音，听不明白的就猜一猜，也可对照普通话翻译文本来听。最后，可以对照录音文本检查自己的听力结果。

提示

广州话里有许多外来词，像这段对话中的out等，常会出现在老百姓的口语当中。平时用得比较多的还有cool（酷）、number（号码）、check（检查）、call（呼、叫）等等。有些则改变一下发音，如friend，广州话就说fan；而普通话近年流行的“粉丝”，广州话从来都直接说英文fans，不过变成两个音节，念“fan士”，就跟出租车念“的士”一样。

普通话 翻译文本

甲：国庆长假去哪儿玩？

乙：你没看报纸吗？到处的景点人山人海，去干嘛？

甲：难道七天都在家里呆着？

乙：那也不是，去看楼啊。

甲：看楼？你发财了？

乙：不用发了财才看楼吧，不说是“看”吗？现在市区的房子贵得离谱，很多人都到郊区去买房，那就跟着人家去看了。发展商有看楼专车。不花钱，就当做是一日游呗，多好啊。

甲：你现在住得挺好的，哪需要买房啊？

乙：你不是吧，这么out，现在买房的有几个是买来住的，说得好听，叫投资。

甲：投资不一定要买房的，有钱放在银行吃利息，或者买些理财产品也行，买房，有风险的！

乙：“投资有风险，入市要小心”，谁都会说。现在物价涨得像坐电梯那么快，钱放在银行，收到的利息买盐也不够咸啊。

甲：还是小心一点的好，祝你发财走运！

录音文本

甲：国庆长假去边度玩吖？

乙：你冇睇报纸咩，到处景点人山人海，去做乜吖？

甲：唔通七日你都踎喺屋企吖？

乙：噉又唔係，去睇楼啰。

甲：睇楼？你发咗达吖？

乙：唔使发达至睇楼啩？都讲明係“睇”啰。而家市区啲楼贵到离晒谱，好多人都去郊区买楼，噉唔係就跟住人去睇啰。发展商有睇楼车，唔使钱，当郊区一日游，几好吖。

甲：你而家住得几好，使乜买楼吖？

乙：你唔係吖嘛？咁out？而家买楼有几多人係买嚟住㗎？讲得好听啲，叫投资吖。

甲：投资唔一定要买楼嘅。有钱摆入银行食利息，或者买啲理财产品都得嘅啫，买楼，有风险㗎。

乙：“投资有风险，入市要小心”，係人都识讲㗎啦。而家物价升到好似坐𨋢噉快，钱摆喺银行，收倒啲利息买盐都唔咸啦。

甲：仲係小心啲好，祝你发财行运啦！

第八课

鸡平龟贵

在广州话绕口令中有一句非常经典："一蚊一斤鸡，一蚊一斤龟，究竟係鸡贵定係龟贵？"这句绕口令的难点在哪？这一课我们来学习学习、研究研究。

一、有字有音（gw-\kw-）

"鸡"和"龟"，在普通话里读音相去甚远，可是在广州话里，它们的韵母是一样的，都是短元音的ai，这个元音我们在上一课已练习过。那么，"鸡"和"龟"的区别在哪呢？就在它们的声母上。"鸡"的声母是g，比较容易发，跟普通话的g 差不多，但是，"龟"的声母就不同了，它是带圆唇的，就是发音时努起嘴唇发g的音，用字母表示一般写成gw，而听起来有点像普通话带u 的韵母。同样，与k声母相对的也有圆唇的kw。

请辨听下面的词语：

继续 gai^{3} dzuk^{9}	贵族 gwai^{3} dzuk^{9}
港九 gong^{2} gau^{2}	广九 gwong^{2} gau^{2}
各家 gok^{8} gaa^{1}	国家 gwok^{8} gaa^{1}
皇家 wong^{4} gaa^{1}	黄瓜 wong^{4} gwaa^{1}
碱性 gaan^{2} sing^{3}	惯性 gwaan^{2} sing^{3}
跟队 gan^{1} doey^{2}	军队 gwan^{1} doey^{2}
根子 gan^{1} dzi^{2}	君子 gwan^{1} dzi^{2}
书记 sy^{1} gei^{3}	书柜 sy^{1} gwai^{6}
个人 go^{3} jan^{4}	过人 gwo^{3} jan^{4}
鸡公 gai^{1} gung^{1}	归公 gwai^{1} gung^{1}
鸡胸 gai^{1} hung^{1}	亏空 kwai^{1} hung^{1}
计划 gai^{3} waak^{9}	规划 kwai^{1} waak^{9}
家长 gaa^{1} dzoeng^{2}	夸奖 kwaa^{1} dzoeng^{2}
勤力 kan^{4} lik^{9}	群力 kwan^{4} lik^{9}

学习以后，我们试着把前面提到的绕口令提高一点难度，自己试着念一下：

一蚊一只龟，七蚊一只鸡，佢话龟贵过鸡，我话鸡贵过龟，啲究竟龟贵过鸡定係鸡贵过龟？

（一块钱一只龟，七块钱一只鸡，他说龟比鸡贵，我说鸡比龟贵，那究竟是龟比鸡贵还是鸡比龟贵？）

再来一句：

普通话“各个国家有各个国家的国歌”用广州话怎么说？

答案是：gok⁸ go³ gwok⁸ gaa¹ jau⁵ gok⁸ go³ gwok⁸ gaa¹ ge³ gwok⁸ go¹

二、有问有答（游玩） L-8-2.MP3

游玩

甲：陈 sir，我有个朋友过两日嚟广州，要我带佢去玩，我都唔知带佢去边度好，你有乜好介绍吖？

乙：要佢参加广州一日游唔係得啰。

甲：广州一日游有啲乜节目㗎？

乙：即係一日玩晒广州最出名嗰啲地方啰。

甲：你讲嚟听下。

乙：白云山、陈家祠、中山纪念堂、黄埔军校呢啲景点一日行晒。

甲：夜晚嘅节目呢？

乙：珠江夜游啰。坐船由白鹅潭出发，欣赏珠江两岸灯饰，都几享受㗎。

甲：你呢个主意都几好，等我揾张报纸睇下啲广告先。

乙：你嘅朋友实会玩得开心嘅。希望广州会留个好印象畀佢啦。

词语注释

陈sir——sir是英语“先生”的意思，香港人对成年男人多用“姓氏+sir”称呼，包括对老师的称呼也是这样。“阿sir”就专门指警察。现在广州人效仿香港人，习惯这种用法。

啰——语气词，表示简单容易。如：钟意咪买啰。（喜欢买下不就行了。）

㗎——语气词。用在陈述句后面，相当于“的”；用在疑问句后面，相当于“吗”或者“呢”。如：部剧集好好睇㗎。（这部电视剧很好看的。）部剧集好唔好睇㗎？（这部电视剧好看吗？）部剧集边度好睇㗎？（这部电视剧哪里好看呢？）

即係——就是，等于。

晒——用在动词后面表示“完全”“都”的意思。如：使晒啲钱（花光了全部的钱）。

几好——挺好。

实——一定，肯定。如：呢种荔枝实好食。（这种荔枝一定好吃。）

留个好印象畀佢——这句话显示广州话语法的一个特点，直译就是“留下好印象给他”，普通话就要说成“给他留个好印象”。

锡——疼爱，亲。

做齐——全都做了。

普通话译文

游玩

甲：陈先生，我有个朋友过两天要来广州，让我带他去玩儿，我不知道去哪儿好，您有啥好建议？

乙：要他参加广州一日游不就行了。

甲：广州一日游有啥节目呢？

乙：就是一天把广州最有名的地方玩个遍。

甲：您跟我说一下。

乙：白云山、陈家祠、中山纪念堂、黄埔军校这些景点一天走遍。

甲：晚上的节目呢？

乙：珠江夜游吧。乘船从白鹅潭出发，欣赏珠江两岸灯饰，挺享受的。

甲：您这个主意还不错，让我先找份报纸翻一下广告看看。

乙：你的朋友一定会玩得开心。希望广州会留给他一个好印象。

三、有讲有笑（子媳有别）

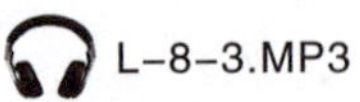

听听两位大妈的对话，你会感到“无语”吗？

先来听几个生词：

广州话	普通话
师奶	广东人对中年女性的称呼，相当于“女士”。
湊仔	照顾孩子
瞓觉	睡觉

有一日，张师奶见到黄师奶，就问佢：“你个仔几好吗？”黄师奶话：“唔好提喇，都唔知几鬼惨吖！”张师奶问：“点惨法吖？”黄师奶答佢：“揾个老婆懒到死，唔洗衫、唔煮饭、唔抹地、唔湊仔，成日就识瞓觉，连早餐都要我个仔捧埋床度畀佢食。你话惨唔惨吖？”

一天，张女士看到黄女士，于是问她：“你的儿子还好吧？”黄女士说：“别提了，也不知有多可怜！”张女士问：“咋可怜呢？”黄女士回答她说：“找了个懒得要命的老婆，不洗衣服、不做饭、不擦地板、不带孩子，整天就会睡觉，连早餐也要我儿子端到床前给她吃。你说可怜不可怜张师奶又问："嗽你个女呢，又点吖？"一讲到个女，黄师奶即时笑起身："个女就鬼咁死好命啰，揾个老公锡到佢死，乜都唔使佢做，老公自己做晒，洗衫、煮饭、抹地、凑仔，样样做齐，朝朝早连早餐都拶到床头畀佢食。"

啊？"张女士又问："那你的女儿呢，又咋样了？"一说到女儿，黄女士立马笑了起来："女儿的命就太好了，找一个把她疼得要死的老公，啥都不用干，老公自己全干了，洗衣服、做饭、擦地板、带孩子，样样都做，每天早上连早餐都端到床前给她吃。"

四、有声有"释"（香港游）

L-8-4.MP3

请认真地、反复地听以下录音，听不明白的就猜一猜，也可对照普通话翻译文本来听。最后，可以对照录音文本检查自己的听力结果。

提示

广州与香港相距一百多公里，人员来往频密，语言相通。不过由于地域文化有些差异，语音用词方面都稍有不同，比如说，广州话里说"银行卡"，香港话说"银行咭"；广州话说"电池"，香港人说"电芯"。香港的地名在这段对话中出现了几个，希望各位平时还要多留意一下，熟悉香港和广州两地的情况，生活、工作会更方便些。

普通话 翻译文本

甲：现在的人喜欢旅游，有几天休息日就想着出去玩。

乙：所以一到假期就到处人头涌涌，高速公路上的汽车排长龙。

甲：我从来不会跟人去挤，假期我通常都是在家里睡大觉。

乙：你不喜欢旅游，但许多人喜欢嘛。

甲：谁说我不喜欢旅游，只是我不喜欢去人多的地方。

乙：那香港你就不用去了，人太多了，光是过关就要排几个小时。

甲：哦，那你就错了，我一有空就喜欢去一下香港。

乙：为什么？

甲：在深圳过关人多，你坐直通车就不用怕了，广州东站一上车，两个小时就到九龙红磡，很方便。

乙：到了香港还不是人多？

甲：你别跟着人家去旺角、铜锣湾那些地方嘛。

乙：你去哪儿？

甲：我喜欢去赤柱，吃一下西餐，就算买东西，我也去远的地方，像筲箕湾、荃湾或者元朗这些地方。

乙：你挺聪明的。

甲：我出门旅游有一个原则，凡是旅行团带着去的景点，我都不会去。

乙：你这个人还挺特别的。

录音文本

甲：而家啲人兴旅游，有几日休息就谂住出去玩。

乙：所以一到假期就周围人头涌涌，高速公路啲车摆晒长龙。

甲：我奉子唔会去同人逼，假期我通常都係喺屋企瞓大觉。

乙：你唔好旅游啫，好多人好哚嘛。

甲：边个话我唔好旅游吖？之不过我唔钟意去人多啲地方之嘛。

乙：噉香港你就唔使去喇，人多到死，净係过关都要排几个钟。

甲：哦，噉你就错啰噃，我一得闲就钟意去香港行下。

乙：点解吖？

甲：喺深圳过关人多，你坐直通车就唔使怕啦，广州东站一上车，两个钟就到九龙红磡，好方便。

乙：去到香港又唔係噉多人？

甲：你唔好跟住啲人去旺角吖、铜锣湾吖嗰的噉嘅地方吖嘛。

乙：你去边吖？

甲：我钟意去赤柱行下，食下西餐，就算买嘢，我都係去远啲嘅地方，好似筲箕湾、荃湾或者元朗啲噉嘅地方。

乙：你都几精嗰噃。

甲：我出门旅游有一个原则，凡係旅行团带去嗰啲景点，我都唔会去。

乙：你个人都几特别嗰噃。

第九课
爱在心内

“爱”字从多少人的嘴里流出过，有人还专门搜集世界上各种语言“我爱你”的说法。可是，这句话用广州话来说却不那么容易，“爱”字的声母和韵母都是普通话里没有的。声母是第二课学过的ng，而韵母则是本课要学习的，读oi。

一、有字有音（oi\on\ong\ou\ot\ok）

“哥”在广州话里发音比较容易，韵母跟普通话里的o差不多，但松一点，也就是嘴巴张得比发普通话里的a小，但比o大的程度。

“爱”字的韵母怎样发音？要领是：做好发“哥”的准备，也就是嘴巴圆圆的样子，发音时把嘴巴缩小，完成发音过程。拼音可写成oi，学过英语的朋友，可参考英语boy中的元音，两音基本上相同。本课的标题为“爱在心内”，听一下广州话的读法，里面哪三个字包含了oi这个音？

跟o有关系的音还有：如果发音过程把嘴巴收小收圆，

就能发出ou；如果o之后滑过去，变成鼻音，就能发出on或者ong来了。

请听：告诉、干旱、帮忙，这三组词语就是分别以ou、on和ong来做韵母的。

比较以下词语，留意带点字的读音，在旁边注上你听到的韵母：

灾害	高佬（个子高的男人）
唔该（劳驾）	大嫂
刚才	做嘢（做事情）
大概	曹操
菠菜	数数
来去	好早（很早）
耐心	帮补
等待	心抱（媳妇）
改行	安乐
海内外	按金
好在	寒冷
开光	看守
再见	出汗

韩国	港澳
房改	煲汤
广告	放糖
安装	爽朗
希望	银行
藏族	黄先生
壮族	王小姐
海浪	

如果o音带入辅音尾，就读为入声，请听：

稀薄	确实
割草	开幕
吃喝	收获
口渴	工作
葛根	剥落
恶毒	各人
角落	朴实
国家	

答案

灾害 dzoi^{1} hoi^{6}

唔该 m^{4} goi^{1}

刚才 gong^{1} tsoi^{4}

大概 daai^{6} koi^{3}

菠菜 bo^{1} tsoi^{3}

来去 loi^{4} hoey^{3}

耐心 noi^{6} sam^{1}

等待 dang^{2} doi^{6}

改行 goi^{2} hong^{4}

海内外 hoi^{2} noi^{6} ngoi^{6}

好在 hou^{2} dzoi^{6}

开光 hoi^{1} gwong^{1}

再见 dzoi^{3} gin^{3}

高佬 gou^{1} lou^{2}

大嫂 daai^{6} sou^{2}

做嘢 dzou^{6} je^{5}

曹操 tsou^{4} tsou^{1}

数数 sou^{2} sou^{3}

好早 hou^{2} dzou^{2}

帮补 bong^{1} bou^{2}

心抱 sam^{1} pou^{5}

安乐 ngon^{1} lok^{9}

按金 ngon^{3} gam^{1}

寒冷 hon^{4} laang^{5}

看守 hon^{1} sou^{2}

出汗 tsut^{7} hon^{6}

韩国 hon^{4} gwok^{8}

房改 fong^{4} goi^{2}

广告 gwong^{2} gou^{3}

安装 ngon^{1} dzong^{1}

希望 hei^{1} mong^{6}

藏族 dzong^{6} dzuk^{9}

壮族 dzong^{3} dzuk^{9}

海浪 hoi^{2} long^{6}

港澳 gong^{2} ngou^{3}

煲汤 bou^{1} tong^{1}

放糖 gong^{3} tong^{4}

爽朗 song^{2} long^{5}

银行 ngan^{4} hong^{4}

黄先生 wong^{4} sin^{1} saang^{1}

王小姐 wong^{4} siu^{2} dze^{2}

稀薄 hei[1] bok[9]

割草 got[8] tsou[2]

吃喝 hek[8] hot[8]

口渴 hou[2] hot[8]

葛根 got[8] gan[1]

恶毒 ngok[8] duk[9]

角落 gok[8] lok[9]

国家 gwok[8] gaa[1]

确实 kok[8] sak[9]

开幕 hoi[1] mok[9]

收获 sou[1] wok[9]

工作 gung[1] dzok[8]

剥落 mok[7] lok[9]

各人 gok[8] jan[4]

朴实 pok[8] sat[9]

二、有问有答（手机）

L-9-2.MP3

手机

甲：你话买手机，睇啱边款吖？

乙：我好求其嘅啫，最紧要平夹靓。

甲：噉就唔係求其啰，又要平又要靓，边有咁容易吖？

乙：我要求真係唔係好高㗎，打倒电话、发倒短信、上倒网、听下歌仔、玩下游戏就得㗎喇。

甲：噉仲话要求唔高，照你噉讲，买部 iphone 差唔多。

乙：边个唔知 iphone 好吖，我啲银纸唔好咧。

甲：噉你买部千零两千蚊啲国产机都得嘅。

乙：你同我揀部啦，指意晒你㗎喇。

甲：呢部我睇都OK嘅。

乙：我唔识㗎，你抓主意啦。

甲：得喇，叫佢拶部新机嚟试下，冇乜唔妥就畀钱喇。

乙：今日好得你，真係唔该晒啰。

甲：乜嘅讲吖，老友鬼鬼，使乜咁客气吖。

词语注释

睇啱——看中，看上。

平夹靓——又便宜又漂亮。夹，和、又。如：大声夹恶（大声吼叫又凶恶）。

求其——随便。

倒——用在动词后面表示能够做，如：佢发烧三日未食过饭，今日至食倒啲嘢。（他发烧三天没吃过饭，今天才能吃点儿东西。）

歌仔——广州话里用"仔"来说小的东西，如玩具娃娃叫"公仔"，小人书叫"公仔书"，小鸡就是"鸡仔"，香港有个地方叫"湾仔"，澳门有一个地方叫"氹仔"。

银纸——钱。一些商场的收款处写作"收银台"，正是从粤语借来的说法。

千零两千蚊——表示不看重这个数字，用"零"（$leng^4$），如：百零人（一百来人）；十零斤（十来斤）。"千零两千蚊"就是一两千块钱，不多，不贵。数字还可以换着说，如“两千零三千蚊”就是两三千块钱，如此类推。

揀——挑选。

指意——依赖、依靠、指望。

普通话译文

手机

甲：你说想买手机，看好了哪一款？

乙：我很随便，关键是价廉物美。

甲：那就不随便了，要价廉物美，哪有那么容易啊。

乙：我的要求真的不高啊，能打电话、发短信、上网、听听歌、玩一下游戏就行了。

甲：还说要求不高，按你这么说，买部iphone差不多。

乙：谁不知道iphone好啊，可我的钱不好呢。

甲：那你买一部千把两千块钱的国产手机也行。

乙：你帮我挑一部，全靠你啦。

甲：这部我看就行了。

乙：我不懂的，你决定吧。

甲：行了，叫他拿一部新机来试一下，没什么问题就付钱吧。

乙：今天幸亏你帮忙，真得太感谢了。

甲：别这么说，老朋友了，用不着那么客气。

三、有讲有笑（经理难做） L-9-3.MP3

记得前面课文关于香港菲佣说广东话的笑话吗？以下这一段也跟说话语音相关，仔细听听，温经理为什么对所有应聘的人都不满意？

有家公司招工，人事部门拣定着咗几个人，人事部主任将结果报告畀经理听。第一个係姓伍嘅女仔，生得好靓，名牌大学毕业；第二个係姓陆嘅靓仔，高大威猛，仲係硕士添；第三个姓漆……经理就话："唔使讲喇！"主任唔知点解，即时话："咪住，仲有个犀利㗎，係博士啊，佢姓苟……"经理一听，几乎跳咗起身："一个姓五，一个姓六，仲要姓七、姓九，我姓温㗎嘛，你叫我以后点做经理吖？"

一家公司招工，人事部门选好了几个人，人事部主任将结果报告给经理。第一个是姓伍的女孩子，长得漂亮，名牌大学毕业；第二个是姓陆的帅哥，高大威猛，还是硕士；第三个姓漆……经理说："别说了。"主任不知道为什么，马上说："别，别……还有一个更厉害的，是博士，他姓苟……"经理一听，几乎跳了起来："一个姓五，一个姓六，还要姓七、姓九，我是姓温的，你叫我以后怎样当经理啊？"

（注："温"与英语的one谐音，"一"的意思。）

四、有声有"释"（便利通讯）

L-9-4.MP3

请认真地、反复地听以下录音，听不明白的就猜一猜，也可对照普通话翻译文本来听。最后，可以对照录音文本检查自己的听力结果。

提示

"七十一"便利店，香港人和一些广州人会叫"七仔"，因为商标突出的是个"7"字。对一些较长的名字，粤港两地的人说话时会把它简化为两个音节，如麦当劳，就称为"M记"，也是因为商标突出一个"M"字。

普通话翻译文本

甲：好久没见你了，电话也不来一个。

乙：出国了，手机漫游好贵的。

甲：那你没用QQ微信的吗？

乙：有，不过可不是在哪儿都上得了网。

甲：外国上网不方便吗？

乙：你以为外国就了不起啊，越发达的国家就越不方便。像去澳洲，许多机场的免费WIFI都限你用两个小时，有的机场根本就没有免费的，付钱的就有。换成人民币算一下，挺贵的。

甲：住酒店也是这样，好多五星级酒店WIFI都要钱，便宜的那些反而不要钱随便你上。

乙：不过呢，真的有要紧事，贵也得用。通常到了外国，我会买张当地的电话卡，打电话上网都行。

甲：懂英语就行，我们不懂英语，又聋又盲，都不知上哪儿买去。

乙：通常像“七十一”这样的便利店都有卖的。

录音文本

甲：好耐唔见你，电话都冇个。

乙：出咗国，手机漫游好贵㗎。

甲：噉你冇用QQ微信嘅咩？

乙：有吖，不过唔係边度都上到网。

甲：外国上网唔方便咩？

乙：你以为外国好威吖？对我哋呢啲去旅游的人嚟讲，越发达啲国家越唔方便。譬如去澳洲，好多机场嘅免费WIFI都限你用两个钟头倒，有啲机场根本就冇免费嘅，畀钱嘅就有。换翻人民币计下，好贵㗎。

甲：住酒店都係噉啦。好多五星级酒店WIFI都要畀钱，平嗰啲反而唔使钱任你上。

乙：不过呢，真係有紧要事，贵都要用㗎喇。通常我去到外国，我会买张当地嘅电话卡，打电话上网都得。

甲：识英文就话啫，我哋唔识英文，又聋又盲，都唔知去边处买。

乙：通常好似“七仔”嗰啲噉嘅便利店都会有得卖嘅。

第十课

句句响亮

在第一课里，我们说，广州话表示“不”的时候，只能小声说。广州话听起来好像不那么抑扬顿挫，其实它也有铿锵的时候。听一下，用广州话说“铿锵”二字，算不算铿锵？

一、有字有音（oe\oeng\oek\oey\oen\oet）

觉得广州话发“铿锵”这个音好奇怪吧。当然，因为普通话里没有这样的韵母。“铿”音我们在第七课学过了，韵母是一个短元音后鼻音，即ang；而“锵”字的韵母里面有一个元音，大家不太熟悉，用字母表示可以写作oe，读成后鼻音就是oeng。

发这个音其实也不难。大家都会说普通话的“迂、鱼、雨、玉”，拼音写作yu。发yu这个音时，双唇突出收拢即可。要发oe这个音，可在发yu音的基础上，把嘴唇稍张开一点，就是说，收拢的程度不要太大就行了。试读一读，看是不是很容易，听起来跟普通话“削”“粤”这些字的韵母有点相似。事实上，读oe这个韵母的字很少，而以这个音组成的鼻音字就很多。

请注意以下这些字词，听一下哪些字含有oe这个音，细心听，跟着念。

锯 goe3	上涨 soeng6 dzoeng3
靴 hoe1	向上 hoeng3 soeng6
香肠 hoeng1 tsoeng2	文章 man4 dzoeng1
响亮 hoeng2 loeng6	手掌 sau2 dzoeng2
两双 loeng5 soeng1	首长 sau2 dzoeng2
张扬 dzoeng1 joeng4	想象 soeng2 dzoeng6
乡下 hoeng1 haa2	唱歌 tsoeng3 go1
新疆 san1 goeng1	凉爽 loeng4 song2
大量 daai6 lieng6	养羊 joeng5 joeng4
中央 dzung1 joeng1	
将军 dzoeng1 gwan1	

含有这个音的常用入声字有以下这些：

脚 goek8 、药 joek9、略 loek9、着 dzoek8、却 koek8、灼 tsoek8

还有一个跟oe有联系的元音，听一听我们这一课的题目：句句响亮，是不是感觉有点相像？“句”的韵母读 oey，看拼音就知道，发这个音比读oe音时的舌头后缩一点，嘴唇圆一点。“响亮”是跟前面说的“锵”一样的韵母。还有一个鼻音韵母是oen，发这个音时，先做好发oey的准备，然后向鼻音过渡就能发出这个音来，“春”字，就是这个韵母。我们来听一听下面的字：

证据 dzing3 goey3	区别 koey1 bit9
吹水（吹牛）tsoey1 soey2	男女 nam4 noey5
旅行 loey5 hang4	最近 dzoey3 gen6
退税 toey3 soey3	春季 tsoen1 gwai3
嘴唇 dzoey2 soen4	顺利 soen5 lei6
岁月 soey3 jyt9	伦敦 loen4 doen1
去除 hoey3 tsoey4	准备 dzoen2 bei6
推广 toey1 gwong2	进出 dzoen3 tsoet7
兴趣 hing3 tsoey3	信箱 soen3 soeng1
举手 goey2 sau2	愚蠢 jy4 tsoen2
虚火 hoey1 fo2	香脆 hoeng1 tsoey3

含有这个音的常见入声字有以下这些：

出 tsoet7、术 soet9、律 loet9、卒 dzoet7、栗 loet9

如：

出去 tsoet7 hoey3

技术 gei6 soet9

纪律 gei[2] loet[9]

卒之 dzoet[7] dzi[1]（终于，最后）

风栗 fung[1] loet[9]（栗子）

二、有问有答（睇戏） L-10-2.MP3

睇戏

甲：近排有部戏好火爆噃。

乙：咩戏吖？

甲：《叶问》啰，你冇听讲过吖？

乙：报纸度睇到啰，我都唔关心嘅。好多年都冇入过戏院啰。

甲：记得旧时你好钟意睇戏㗎。

乙：你都识话“旧时”喇，而家点同吖？

甲：有乜唔同吖？

乙：旧时睇场戏先一蚊几毫，而家揦埋都要几十蚊。一家大细去睇场戏，加埋行街食饭，郁下就一千几百，点顶得顺吖？

甲：之但係冇人叫你日日去睇戏㗎嘛，耐唔耐去睇下都唔算好奢侈啫。去戏院享受逼真3D画面、震撼音响效果，梗係要使多啲钱㗎啦。

乙：噉又係，不过我哋睇电影都係睇情节嘅啫，啲高科技音响效果乒铃乓嘞，真係顶佢唔顺。

词语注释

戏——在广州话里，戏是指电影，真正在舞台上演出的，特别是粤剧，则叫“大戏”，所以广州人说“睇戏”就是看电影。电影院也叫“戏院”。

而家——现在。

一蚊几毫——指钱很少，微不足道。

揦埋——“揦”这个动作是“抓”，“揦埋”就是一把抓过来，引申为“随便就”、“动不动就”的意思。如俗语里有“揦埋就係风湿”，本义是说医生医术不高明，或者看病不认真，不管病人得的是什么病，随便就说是风湿。引申为人们处事不分析具体情况就随便下不正确的结论。

郁下——郁，动。郁下，动一下，动不动。

顶得顺——受得了。如果说“顶唔顺”，就是受不了，扛不住了。后面一句就有“顶佢唔顺”（对它无法忍受）。

之但係——但是，可是。

耐唔耐——时间长叫“耐”，所以“耐唔耐”即时间或长或短，也就是时不时，有时。

梗係——一定，肯定。

乒铃乓嘞——象声词，形容很响、吵闹。

普通话译文

看电影

甲：最近有部电影很火。

乙：什么电影？

甲：《叶问》呀，您没听说过吗？

乙：从报纸上看到，我不太关心。好些年没进过电影院了。

甲：记得您以前很喜欢看电影的。

乙：您也会说是“以前”嘛，跟现在怎么一样？

甲：有啥不一样的？

乙：过去看一场电影才一块几毛钱的，现在动不动就是几十块钱。一家大小去看一场电影，还要逛街吃饭，一下就是一千几百块钱，怎么受得了？

甲：但是没人让您每天去看电影啊，偶尔去看一下也不算很奢侈吧。去电影院享受逼真3D画面，震撼音响效果，当然要多花钱的。

乙：那也是，不过我们看电影也都只是看情节，那些高科技音响效果吵死了，真是受不了。

三、有讲有笑（动感数学） L-10-3.MP3

下面虽然是个笑话，老师也算幽默吧，如果你是学生，可能不会喜欢这个老师，对吧？来先听几个生词：

广州话	普通话
问餐饱	问个够。饱，指足够。
打烂砂盆问到督	俗语，即打破沙锅问到底。督，底，顶端。
嗰只	那种。广州话常用“……嗰只”这个句式，表示“……那样（的人），……那种（事）”等。
上堂	上课。
窒住	突然停住说不出话来。
阵间	一会儿。
掟	扔。
嚿	量词，块。
定係	还是。

有个学生乜都要问餐饱，即係打烂砂盆问到督嘓只。有一日上堂，佢问个教数学嘅老师："点解你话两点之间直线距离最短啫？"

个老师一下子俾佢窒住。不过个老师谂咗阵间，就问翻个学生："假如我掟响猪骨头出去，你话只狗会兜一圈去执呢，定係一条直线噉扑过去呢？"

学生谂都唔使谂，即刻答："梗係直线扑过去啦。"

老师话："狗都识嘅嘢，你仲有乜好问吖？"

有个学生什么事情都要问个究竟，也就是打破沙锅问到底那种人。有一天上课，他问那教数学的老师："为什么您说两点之间直线距离最短呢？"

那老师一下被他问住了。不过那老师想了一会儿，就反问那个学生："如果我扔一块猪骨头出去，你说那只狗是转一圈才去叼起来呢，还是一条直线地扑上去呢？"

学生想也不用想，立马回答："当然是直线扑过去了。"

老师说："狗都懂的事情，你还有啥好问的呢？"

四、有声有“释”（睇戏烦恼）

L-10-4.MP3

请认真地、反复地听以下录音，听不明白的就猜一猜，也可对照普通话翻译文本来听。最后，可以对照录音文本检查自己的听力结果。

提示

细细间——广州话表示事物程度可用重复形容词加上量词的方法，像对话中的“细细间”就是“房子小小的”意思。反过来可说“大大间”。如书可以说“大大本”或“细细本”；人可以说“大大只”或“细细粒”；车可以说“大大部”或“细细部”等等。

飞起——广州话说东西贵就喜欢用这个词，形象生动。其他形容程度高也可以用，比如说“好到飞起”。

普通话 翻译文本

甲：我好久没看过电影了。

乙：有多久？

甲：快一年了。

乙：这就算久了？我十几年没进过电影院了。

甲：太夸张了吧？

乙：一点也没夸张。

甲：你自己不喜欢看吧。

乙：谁说的，我很喜欢看电影的，不过现在去看电影完全没有以前那些感觉。

甲：这怎样说？

乙：以前电影院好大，宽银幕，多有气势。现在的电影院小小的，才几个人，不如在家看电视好了。

甲：可不能这么说，电视哪有电影那些效果啊？

乙：是的，但去电影院看电影常常很生气。

甲：为什么？

乙：本来看电影是欣赏艺术或娱乐一下，结果许多人是为了去谈恋爱，不是真的看电影，旁边的人有的大声说话，有的吃东西，有的更离谱，在那不停地打电话。

甲：可能你是看老片吧，放新片时不会这样。

乙：新片贵得要死，还要去挤，还是算了吧。

录音文本

甲：我好耐冇睇过电影喇。

乙：有几耐？

甲：成年喇。

乙：噉就算耐吖？我十几年都冇入过戏院。

甲：夸唔夸张啲吖？

乙：一啲都冇夸张。

甲：你自己唔钟意睇啫。

乙：边个话，我好钟意睇电影㗎，不过呢而家去睇电影有晒旧时嗰啲感觉。

甲：即係点吖？

乙：旧时电影院好大间，宽银幕，几有气势。而家啲电影院细细间，得几个人，不如喺屋企睇电视仲好啦。

甲：唔係噉讲嘅，电视边有电影嗰啲效果吖？

乙：係就係，之不过去戏院睇电影周时都好激气。

甲：点解呢？

乙：本来睇电影就係去欣赏艺术或者娱乐一下，结果好多人係为咗去拍拖，唔係真係睇电影，隔离左右啲人有啲大大声讲嘢，有啲喺度食嘢，有啲仲离谱，喺度煲电话粥。

甲：或者你係睇旧片啩？放新片嗰阵唔会噉嘅。

乙：新片贵到飞起，仲要同人去逼，都係算罢嘞。

第十一课
盘满钵满

广州话里形容人有丰富的收获时说“盘满钵满”，就是说钱财赚多了，多得哪都放满了，好像食物太多，都溢出了盘碗之外。用普通话来念这个词语，张大嘴巴，可以想象，那高兴的样子，但用广州话说，则“低调”得多，好像生怕人家知道，财不外露嘛。

一、有字有音（ui\un\ut\uk\ung）

“盘满钵满”这词语，全部读音里都有一个主要元音u，这个音的发音跟普通话差不多，如“姑、夫”，普通话和广州话听起来几乎一样。但是，以这个音为主要元音构成的其他韵母，则是广州话特有的音。比如“杯（ui）”、“官（un）”、“括（ut）”、“谷（uk）”等韵母，在普通话里都没有，另外有一个“工（ung）”，则与普通话差不多。

以上韵母发音都以u为基础，即都要把嘴唇收拢，舌头位置稍后。试细听以下词语，并分别指出带u音的字：

细妹（小妹）	本来
玫瑰	罐头
每日	面盆
背脊	搬家
赔钱	一般
后悔	番禺（地名）
灰色	宽阔
瘡（累）	活泼
宝贝	没有
开会	泡沫
冠军	祝福
吸管	独立
参观	陆续
交换	督促
欢喜	熟悉
满意	宿舍
碗碟	绿色

玉竹	送礼
木屋	东方
民族	冬天
局部	中国
目的	空调
读书	用品
结束	控制
高速	发梦(做梦)
足球	董事
菊花	痛苦
复习	农家
建筑	龙年
接触	群众
从前	钟意(喜欢)
公共	懵懂
工厂	通心菜
公司	

答案

细妹（小妹）sai3 mui2

玫瑰 mui4 gwai3

每日 mui5 jat9

背脊 bui3 dzek8

赔钱 pui4 tsin2

后悔 hau6 fui5

灰色 fui1 sik7

癐（累）gui6

宝贝 bou2 bui3

开会 hoi1 wui2

冠军 gun3 gwan1

吸管 kap7 gun2

参观 tsaam1 gun1

交换 gaau1 wun6

欢喜 fun1 hei2

满意 mun5 ji3

碗碟 wun2 dip9

本来 bun2 loi4

罐头 gun3 tau2

面盆 min6 pun4

搬家 bun1 gaa1

一般 jat7 bun1

番禺（地名）pun1 jy4

宽阔 fun1 fut8

活泼 hut9 put8

没有 mut9 jau5

泡沫 pou5 mut9

祝福 dzuk7 fuk7

独立 duk9 lap9

陆续 luk9 dzuk9

督促 duk7 tsuk7

熟悉 suk9 sik7

宿舍 suk7 se3

绿色 luk9 sik7

玉竹 juk^{8} dzuk^{7}

木屋 muk^{9} nguk^{7}

民族 man^{4} dzuk^{9}

局部 guk^{9} bou^{6}

目的 muk^{9} dik^{7}

读书 duk^{8} sy^{1}

结束 git^{8} tsuk^{7}

高速 gou^{1} tsuk^{7}

足球 dzuk^{7} kau^{4}

菊花 guk^{7} faa^{1}

复习 fuk^{7} dzap^{9}

建筑 gin^{3} dzuk^{7}

接触 dzip^{8} dzuk^{7}

从前 tsung^{4} tsin^{4}

公共 gung^{1} gung^{6}

工厂 gung^{1} tsong^{2}

公司 gng^{1} si^{1}

送礼 sung^{3} lai^{5}

东方 dung^{1} fong^{1}

冬天 dung^{1} tin^{1}

中国 dzung^{1} gwok^{8}

空调 hung^{1} tiu^{4}

用品 jung^{6} ban^{2}

控制 hung^{3} dzai^{3}

发梦（做梦）fat^{8} mung^{6}

董事 dung^{2} si^{6}

痛苦 tung^{3} fu^{2}

农家 nung^{4} gaa^{1}

龙年 lung^{4} nin^{4}

群众 kwun^{4} dzung^{3}

钟意（喜欢）dzung^{1} ji^{3}

懵懂 mung^{2} dung^{2}

通心菜 tung^{1} sam^{1} tsoi^{3}

二、有问有答（新屋） L-11-2.MP3

新屋

甲：老黄，听讲你最近买咗新楼喎。

乙：唔係新楼，二手楼嚟嘅啫。

甲：几时去睇下你间新屋。

乙：随时都欢迎，之不过要等装修好先。

甲：装修都几麻烦㗎。

乙：唔单止麻烦，直程就係头痛啦。

甲：买屋装修一世人都冇几次，辛苦啲都要㗎啦。你间屋有几大吖？

乙：百零方，三房两厅。

甲：都够大喇。

乙：嘛嘛啦。

甲：整好你就安乐嘞。

乙：都算得係人生一件大事啦。整好之后请你哋班兄弟过嚟坐下，饮翻两杯。

甲：一定嘅，到时约埋班老友去贺贺你。

乙：係噉先，得闲通电话。

甲：OK，拜拜！

词语注释

新楼——新房子。广州话听起来很吓人，"楼"实际上只是房子。听广州人说买了一层楼，千万别以为他是什么有钱的人，其实就是买了一套房子而已。

唔单止——不仅，不但。

直程——简直，就是。

嘛嘛——一般，普通，还过得去。

得闲——有空闲时候，有空。

普通话译文

新房

甲：老黄，听说您最近买了新房。

乙：哪是新房，只是二手房。

甲：啥时候去看一下您的新房？

乙：随时欢迎，但也要等装修好。

甲：装修也挺麻烦的。

乙：何止麻烦，简直就是头痛。

甲：买房装修一辈子也没几次，辛苦一点也是要的。您的房子有多大呀？

乙：一百多平方米，三室两厅。

甲：也够大了。

乙：一般，还行吧。

甲：搞好了您就舒服了。

乙：也算是人生的一件大事了，搞好后请你们这些哥们儿来玩儿，干它两杯。

甲：一定的，到时候约上一帮老朋友去庆贺一下。

乙：先这样，有空打电话联系。

甲：OK，再见！

三、有讲有笑（班花搬花） L-11-3.MP3

刘老师是北京人，学说广州话时会闹些笑话，你是否也有过刘老师这样的经历呢？

先听几个生词：

广州话	普通话
紧	用在动词后面，表示正在进行。
成班同学	整班同学。“成”是整、全部的意思。“成张台”就是整张桌子。
叻仔	聪明孩子。
落力	尽力，出力。

刘老师係北京人，近排亦学紧广东话。有一日，刘老师喺班度讲：“你哋同我揾两个人，我要‘班’花，快啲。我阵间就返嚟。”佢讲完就走咗喇。要班花做乜嘢？成班同学仔冇个知道。个班长够醒目又够叻仔，三两下发动晒全班一齐投票。全班男女同学加埋三十三人，个个都好落力，最后选出咗两个班上便最靓嘅女仔。几分钟之后，刘老师返咗嚟，话：“花喺四楼教务处度，快啲跟我去‘班’（搬）返嚟啦！”成班同学仔听到都呆晒。

刘老师是北京人，最近也在学广东话。有一天，刘老师在班上说：“你们给找两个人，我要‘班’花。快点！我一会儿就回来。”说完就走了。要班花干嘛？全班同学没一个知道。班长很机灵又能干，一下子就发动起全班同学一起投票。全班男女同学加起来三十三人，每个人都很卖力，最后选出了班上两个最漂亮的女孩儿。几分钟后，刘老师回来，说：“花在四楼教务处那儿。快点儿跟我去‘搬’回来！”整个班的同学听到后全都呆了。

四、有声有“释”（讲饮讲食）

L-11-4.MP3

请认真地、反复地听以下录音，听不明白的就猜一猜，也可对照普通话翻译文本来听。最后，可以对照录音文本检查自己的听力结果。

提示

关于煲汤——广州人喝汤是非常讲究的，不仅是汤料要讲究，煮汤的方法也讲究，就是常说的老火汤，用慢火长时间地熬，广州人叫“煲”。广州话有句俗语“唔汤唔水”，意思就是汤没熬好，不像汤，还是水，用来比喻事情只做了一半，而且做得不好，带贬义。“煲粥”也是要花时间的，所以形容打电话时间长，就说“煲电话粥”。

普通话 翻译文本

甲：广州人最讲究喝汤，每顿饭都得有汤。

乙：广州气候湿热，广州人就喜欢煲汤，当吃药，认为对身体有好处。

甲：不过又有人说广州人煲的老火汤对身体不好，尤其是尿酸高的人，千万别喝。

乙：话是这么说，世世代代都这么喝，也没见广州人都死光了？

甲：过去不懂，现在是科学研究出来的，完全不信是不行的。总之注意点吧。

乙：我才不管那么多，喜欢吃就吃，不喜欢吃碰也不碰一下。

不过吧，多好吃的东西也别太过了，每样东西都吃，没事的。

甲：现在有的人为了减肥，连饭都不吃，那才过分呢。瘦得像根木柴似的，又有啥好看的，真是要美不要命了。

乙：各人想法不同，就由他去吧。

录音文本

甲：广州人最讲究饮汤，餐餐都话要有汤水。

乙：广州气候湿热，广州人就钟意煲汤，当药噉食，认为对身体有益。

甲：不过又有人话广州人煲嘅老火汤冇益咯噃，尤其係有尿酸高嘅人，千祈唔好食添噃。

乙：话係噉话啫，世世代代都係噉饮，又唔见广州人个个都死晒？

甲：旧时唔识嘢喇嘛，而家係科学研究出嚟嘅嘢，完全唔信又唔得嘅。总之注意下啰。

乙：我就唔理咁多㗎喇，钟意食就食，唔钟意食就掂都唔掂下。不过呢，几好食嘅嘢都唔好过分就真，样样食啲，冇事嘅。

甲：而家有啲人为咗减肥，连饭都唔食，嗰啲先至过分吖。瘦到条柴噉，又有乜好睇吖，正係要靓唔要命。

乙：各人谂法唔同，唔係由得佢啰。

第十二课

恋上粤语

前面几课学的粤音好像有点难，这一课让大家轻松一下。本课学的音像普通话的“鱼”和“云”，希望会让你感到简单而从此恋上粤语。

一、有字有音（y\yn\yt）

“鱼”在普通话里怎么念？是yú，对吧？广州话怎么念呢？听，“鱼”还是一样的音，只不过粤语的拼音我们用y来表示，带上声母和声调就是jy^2。这个发音方法呢，我们就不多说了。与y相关的韵母还有两个：鼻音的yn和入声的yt。我们这一课的标题，四个字当中的三个就分别含有这三个韵母。

请听下面的词语，指出含yu音的字：

住处	坐船
如鱼得水	专业
落雨（下雨）	元旦
外语	完成
外遇	原来
荣誉	公园
愉快	劝告
读书	宣传
舒服	怨恨
树木	夺取
主意	甲乙
关注	月光（月亮）
四川	越南
尺寸	粤语
全部	缺失
矿泉	决定
长短	喜悦
锻炼	淤血
混乱	绝对
恋爱	落雪（下雪）
算数	

答案

住处 dzy^{6} tsy^{5}

如鱼得水 jy^{4} jy^{4} dak^{7} suey^{2}

落雨（下雨）lok^{9} jy^{5}

外语 ngoi^{6} jy^{5}

外遇 ngoi^{6} jy^{6}

荣誉 wing^{4} jy^{6}

愉快 jy^{4} faai^{3}

读书 duk^{9} sy^{1}

舒服 sy^{1} fuk^{9}

树木 sy^{6} muk^{9}

主意 dzy^{2} ji^{3}

关注 gwaan^{1} dzy^{3}

四川 sei^{3} tsyn^{1}

尺寸 tsek^{8} tsyn^{3}

全部 tsyn^{4} bou^{6}

矿泉 kwong^{3} tsyn^{4}

长短 tsoeng^{4} dyn^{2}

锻炼 dyn^{3} lin^{6}

混乱 wan^{6} lyn^{6}

恋爱 lyn^{2} ngoi^{3}

算数 syn^{3} sou^{3}

坐船 tso^{5} syn^{4}

专业 dzyn^{1} jip^{9}

元旦 jyn^{4} daan^{3}

完成 jyn^{4} sing^{4}

原来 jyn^{4} loi^{4}

公园 gung^{1} jyn^{2}

劝告 hyn^{3} gou^{3}

宣传 syn^{1} tsyn^{4}

怨恨 jyn^{3} han^{6}

夺取 dyt^{9} tsoey^{2}

甲乙 gaap^{8} jyt^{9}

月光（月亮）jyt^{9} gwong^{1}

越南 jyt^{9} naam^{4}

粤语 jyt^{9} jy^{5}

缺失 kyt^{8} sat^{7}

决定 kyt^{8} ding^{6}

喜悦 hei^{2} yt^{9}

淤血 jy^{2} hyt^{8}

绝对 dzyt^{9} doey^{3}

落雪（下雪）lok^{9} syt^{8}

二、有问有答（星事） L-12-2.MP3

星事

甲：喂，香江四大天王又有新闻嘞。

乙：咩咁大件事吖？

甲：你个偶像啰。

乙：你话郭夫成？

甲：係吖。佢同洪代林分咗手啊。

乙：明星分手啲嘢嘅嘢，周时都有喇，有乜出奇啫。

甲：唔係噉讲嚅，佢哋行埋七年啰嚅。

乙：七年又点啫，唔啱就分㗎啦。

甲：佢话好似只鞋，着得唔舒服就要换㖞。

乙：噉讲好似有啲道理，之不过，女朋友、老婆唔係话换就换咯嚅。

甲：佢哋係公众人物嚟㗎嘛，人哋梗係关注啦。呢件事网友好似唔多支持你个偶像嚅。

乙：八卦啲嘢，钟意点讲就点讲啦。

甲：网友话吖，只鞋舒唔舒服，唔使试着七年啩？

乙：讲起嚟又係过分咗啲嘅。

甲：噉你做唔做佢嘅fans吖？

乙：我又唔係追星族，之不过係钟意听佢啲歌之嘛，佢私生活啲嘢，关我鬼事咩？

甲：睇唔出你仲几清醒咯嚅。

词语注释

嗰嘅嘢——直译是“这样的东西”，即“这种事情”。如：嗰嘅嘢我见得多喇。（这样的东西/这种事情我见多了。）

周时——经常。如：佢周时会头痛。（他常常会头疼。）

行埋——直译是“走在一起”，但意指谈恋爱。如：佢哋行咗三年都未结婚。（他们恋爱三年了还没结婚。）

唔啱——不合适。如：件衫大过头，唔啱我着。（这件衣服太大了，我穿不合适。）

喎——表示转述他人意见的语气词。

咯噃——表示警示、提醒的语气。如：你咁夜瞓唔得咯噃。（你那么晚才睡觉是不行的啊。）

八卦——是非，闲事，也指爱说是非的人，所以广州话骂人“八婆”，就是指爱说是非、爱管闲事的女人，即“八卦婆”的简称。

啩——语气词，相当于“吧”。

之嘛——语气词，相当于“罢了”“而已”，表示不重要，无所谓。

普通话译文

星事

甲：哎，香江四大天王又有新闻了。

乙：有啥大事儿？

甲：你的偶像呗。

乙：你说郭夫成？

甲：是啊，他跟洪代林分手了。

乙：明星分手的事情，常常发生，这有什么奇怪的？

甲：可不能这么说，他们在一起七年了。

乙：七年又怎么样，不合就分呗。

甲：他说好像鞋子穿着不舒服就得换。

乙：这样说也有点道理，可是，女朋友、老婆不能说换就换的呀。

甲：他们是公众人物嘛，别人一定关注。这件事网友好像不太支持你的偶像呀。

乙：八卦的东西，爱怎么说就怎么说得了。

甲：网友说啊，鞋子不舒服，不需要试穿七年吧？

乙：说起来确实有点过分。

甲：那你还当他的粉丝吗？

乙：我又不是追星族，只不过是喜欢听他的歌而已，他的私生活，关我屁事。

甲：看不出来你还挺清醒的哟。

三、有讲有笑（天才画家） L-12-3.MP3

听听这段子，相信明仔真的聪明吗？这段话几乎没需要解释的生词，仔细听即可。

粤语	普通话
第一堂图画课，朱老师叫同学画一幅画，随便画乜都得。	第一节图画课，朱老师让同学们画一幅画，随便画什么都行。
落课嗰阵，明仔交咗张白纸畀老师。	下课的时候，小明交了一张白纸给老师。
老师问佢：“你画咗幅乜嘢吖？”	老师问他：“你画了幅什么画呀？”
明仔答老师：“牛食草。”	小明回答老师：“牛吃草。”
老师又问：“噉啲草呢？”	老师又问：“那草呢？”
明仔话：“畀牛食咗。”	小明说：“让牛吃了。”
老师话：“噉牛呢？”	老师说：“那牛呢？”
明仔话：“牛食晒啲草行开咗啰。”	小明说：“牛吃完草就走了。”

四、有声有“释”（风光婚礼） L-12-4.MP3

请认真地、反复地听以下录音，听不明白的就猜一猜，也可对照普通话翻译文本来听。最后，可以对照录音文本检查自己的听力结果。

提示

意头——就是吉祥的兆头，也即彩头。广州人做事要讲意头，说话也要讲意头，买苹果去看朋友，一定是买8个，吃饭点菜，绝不能是7个菜。说话时讲究就更多了，避讳的说法其实也是为了“意头”，如“猪肝”，广州话要说“猪脷”，因为“肝”谐“干”音，“脷”谐“润”音；“空屋”要改说“吉屋”，因为“空”音在广州话里同“凶”，故要趋“吉”避“凶”。

普通话 翻译文本

甲：广州人结婚坐花车你看过吗？

乙：怎么没见过，遇上好日子，满街上都能看到。

甲：其实不光是广州人结婚才坐花车的，多数地方都有这种习俗。

乙：本来花车是用来接新娘的，过去是坐轿子，后来坐自行车，现在的人有钱了，要坐奔驰才够体面。有的人还搞成一个车队，好几十部车，好张扬。

甲：车队可不是接新娘回家那么简单，花车用花装饰车头，有的人还要放置两个小人，一男一女，好漂亮。

乙：大喜事嘛，当然要搞得好看些了。

甲：车队走哪条路也是有讲究的，因为广州有的路名有好意思，车队无论如何都要转一下这些路。

乙：什么路呢？

甲：比如像吉祥路、万福路、淘金路、多宝路、华贵路，都是要一个吉祥兆头。

录音文本

甲：广州人结婚坐花车你见过未吖？

乙：乜未见过吖？遇着好日，通街都见到啦。

甲：其实又唔净止係广州人结婚先至坐花车嘅嘴，多数地方都有呢种习俗。

乙：本来花车就係用嚟接新娘，旧时係坐轿，之后搭单车，而家啲人有钱，要坐奔驰至够威吖。有啲人仲搞成个车队，几十部车，好巴闭。

甲：车队唔係话接新娘翻屋企咁简单㗎。花车要用花装饰个车头，有啲人仲要摆两只公仔上去，一男一女，好靓㗎。

乙：大喜事喇嘛，梗係要整到好好睇睇啦。

甲：车队行边条路都有讲究㗎。因为广州有啲路名好好意头，车队点都要兜一兜呢啲路。

乙：乜嘢路吖？

甲：譬如吉祥路、万福路、淘金路、多宝路、华贵路，都係攞个意头啫。

第十三课
持之以时

学广州话坚持到这一课，已相当不简单，再坚持一下，持之以时，持之以恒，必然会学得更好，也说得更爽。这一课学的元音，是最基本的一个 —— i 。

一、有字有音（i\iu\in\im\ing\ip\it\ik）

“衣服”的“衣”，普通话念yī 。“i”这个元音，恐怕全世界的语言里面都有，“衣服”广州话念ji^1 fuk^9 ，听起来普通话的“衣”和广州话的“衣”是不是差不多？

与 i相关的几个韵母是：

iu ，这个音普通话里没有，跟普通话“就”的韵母不一样。普通话的iu 实际上是省略了一个o ，它的真正读音是iou ，而广州话的iu 是发i 开始而向u 结束。如：“腰”。

in ，这个跟普通话的差不多。如：“燕”“现”。

im ，发这个音时，以 i开始，以收闭口的鼻音结束即可。如：“厌”“艳”。

ing，这个跟普通话的ing不同，舌位更后一点，嘴巴也张得大一点就行了。如："应""迎"。

ip，这是入声韵，收闭口的辅音。如："业""接"。

it，这也是入声韵，收辅音d。如："热""舌"。

ik，这个入声韵收辅音g。如："亦""色"。

请听以下词语，寻找其中包含以上韵母的字：

意义	聊天
医疗	前线
仪式	现钱
支持	检验
辞别	试验
小桥	节食
照料	激烈
历史	消灭
建设	摄影
热烈	聘请
命令	承接
正式	时事
邀请	表情
思念	铁定
治疗	欠钱

定性	辽宁
延迟	性别
少年	应承
标志	涉嫌
冰鲜	直径
迎接	捷径

答案

意义 ji^3 ji^6

医疗 ji^1 liu^4

仪式 ji^4 sik^7

支持 dzi^1 tsi^4

辞别 tsi^4 bit^9

小桥 siu^2 kiu^4

照料 $dziu^3$ liu^6

历史 lik^9 si^2

建设 gin^3 $tsit^8$

热烈 jit^9 lit^9

命令 $ming^6$ $ling^6$

正式 $dzing^3$ sik^7

邀请 jiu^1 $tsing^2$

思念 si^1 nim^6

治疗 dzi^6 liu^4

聊天 liu^4 tin^1

前线 $tsin^4$ sin^3

现钱 jin^6 $tsin^2$

检验 gim^2 jim^6

试验 si^3 jim^6

节食 $tsit^8$ sik^9

激烈 gik^7 lit^9

消灭 siu^1 mit^9

摄影 sip^8 $jing^2$

聘请 ping^{3} tsing^{2}　　标志 biu^{1} dzi^{3}

承接 sing^{4} dzip^{8}　　冰鲜 bing^{1} sin^{1}

时事 si^{4} si^{6}　　迎接 jing^{4} dzip^{8}

表情 biu^{2} tsing^{4}　　辽宁 liu^{4} ning^{4}

铁定 tit^{8} ding^{6}　　性别 sing^{3} bit^{9}

欠钱 him^{3} tsin^{2}　　应承 jing^{3} sing^{4}

定性 ding^{6} sing^{3}　　涉嫌 sip^{8} jim^{4}

延迟 jin^{4} tsi^{4}　　直径 dzik^{9} ging^{3}

少年 siu^{3} nin^{4}　　捷径 dzit^{8} ging^{3}

我们再来听一听下面这些词语，看哪个字里有 i 这个音，试把拼音写出来：

方便	厕所
编写	耳仔（耳朵）
始终	眼睛
子女	甜酸
潮水	应该
笑话	节日
时间	条理
锁匙	骄傲
超速	照顾

发言	安静
发炎	树叶
新型	高铁
身形	食饭（吃饭）
家庭	打折
先生	目的
小姐	即刻
永远	协助

二、有问有答（网购） L-13-2.MP3

网购

甲：黄金周七日去边吖？

乙：有边度好去啫，高速塞车，周围人头涌涌，不如喺屋企"行街"。

甲：喺屋企行咩嘢街？

乙：行淘宝街啰。

甲：我明喇，上网买嘢。有人话上网买嘢唔係好安全咯噃。

乙：你係担心啲货品质量定係担心网上支付呢？

甲：两样都有。

乙：其实唔使咁担心嘅，要买好嘢，价钱方面最紧要你唔好贪平，仲要睇下其他人啲评价，多数人话佢好，一般都冇问题嘅。你仲要同卖家交流下，根据佢嘅态度都知道咁上下喇。

甲：人哋话网上支付好牙烟，郁下就畀人呃晒啲钱。

乙：边有你讲咁得人惊吖，有支付宝喇嘛。

甲：支付宝係乜？

乙：支付宝好似中介嗽，你划钱去佢嗰度放住先，等你收到货，验过冇问题，再通知支付宝划钱畀卖家。假如卖家唔发货，你可以催下佢，催咗都仲唔发，你仲可以要求退款。所以钱银方面你唔会有损失嘅，之不过就係嘥咗啲时间啫。

甲：真係咁好？我一于试下先。

乙：试下试下你就会上瘾㗎喇。

词语注释

明——明白，但留意一下读音，在句子中要转调，读第2声。

定係——还是。选择问句：係……定係……（是……还是……）

牙烟——危险。

郁下——动不动，轻易。

得人惊——使人害怕。“得人钟意”（讨人喜欢）。

普通话译文

网购

甲：黄金周七天上哪去了？

乙：有什么地方可去的，高速公路堵车，到处是人，不如在家里“逛街”好了。

甲：在家里逛什么街呀？

乙：逛淘宝街呀。

甲：我明白了，是上网买东西。有人说上网买东西不是太安全的。

乙：你是担心货物的质量还是担心网上支付呢？

甲：两样都担心。

乙：其实不用太担心，要买到好东西，价钱方面最重要的是你不要贪便宜，还要看看其他人的评价，多数人说他好，一般都没问题的。你还要跟卖家交流一下，根据他的态度就可以大概了解了。

甲：人家说网上支付很危险，一不小心就让人把钱给骗了。

乙：哪有你说的那么可怕？有支付宝嘛。

甲：支付宝是什么？

乙：支付宝好像中介，你先把钱划到他那儿，等你收到货，检查过没问题，才通知支付宝把钱划给卖家。如果卖家不发货，你可以催他一下，催了他还不发货，你还可以要求退款。所以，钱你不会损失，只不过就是浪费点时间而已。

甲：真的那么好？那我一定试试。

乙：试一试你就会上瘾的。

三、有讲有笑（赚了一刀） L-13-3.MP3

医患矛盾常见于报端，如果你也遇到以下这样的一位医生，你是会哭还是会笑？先听几个生词：

广州话	普通话
嗱	音naa[1]，替，为。
咁滞	用在句末的助词，表示差不多，将近的意思。如：天黑咁滞。（天快黑了。）
无计	没办法。
照计	直译是“照算”，意思是“按理说”。
晕低	晕倒。“坐低”（坐下），“跌低”（跌倒）。

有个外科医生嚟一位心脏病人开刀。手术做完之后，个病人觉得喉咙唔多舒服，就问个医生："医生，我心脏唔舒服开刀啫，点解喉咙会痛嘅？"个医生笑咗一声，好得意咁话畀佢知："哦，你个心脏手术非常成功。当时周围啲人，睇到个个都拍烂手掌咁滞，佢哋都大声噉嗌'再嚟一个！'冇计啦，恭敬不如从命，我顺手就将你嘅扁桃腺割咗啰，因为其他啲地方唔係可以随便割㗎嘛。照计要收多你一个手术钱㗎，不过算罢啦，买一送一，益你喇。"个病人听倒吓到面都青埋，就话："呢个手术梗唔係几成功咯嘞，係咪？"医生话："麻麻啦，如果唔係佢哋又嗌'再嚟一个'，我点算吖？"个病人听咗佢呢句说话，即时晕低咗。

有一位外科医生给一位心脏病人做手术。手术结束后，病人觉得喉咙不太舒服，就问大夫："大夫，我心脏不舒服开刀，怎么喉咙会疼？"那位大夫笑了笑，很得意地告诉他说："哦，你心脏手术非常成功。当时在旁边的人，都快把手掌拍烂了，他们都大声地叫'再来一个！'没办法啊，恭敬不如从命，我顺手就把你的扁桃体给切除了。因为其他地方是不可以随便割的嘛。照理说应该多收你一个手术的费用，不过算了吧，买一送一，便宜你了。"那位病人听后吓得脸都白了，说："这个手术肯定不大成功了，是吧？"医生说："一般吧，如果太成功了，他们又叫'再来一个'，我可怎么办啊？"那个病人听完这句话，立刻就晕倒了。

四、有声有“释”（拎机碌卡）  L-13-4.MP3

请认真地、反复地听以下录音，听不明白的就猜一猜，也可对照普通话翻译文本来听。最后，可以对照录音文本检查自己的听力结果。

提示

拎机——拎，音gam6，就是普通话“摁”的意思，到银行提款机上取钱，要先摁密码等进行操作，所以广州话说取钱就是直接去“拎机”。

柜员机——自动提款机，也叫ATM机。“柜员机”的说法是从香港引入，广州人也多用。

碌卡——刷卡。“碌”在广州话里是滚动的意思。早期国外银行卡刷卡的动作确实是用一专门的机器在卡上滚动的，后来的银行卡用磁条，才出现“刷”这个动作。广州话里说“碌”，也是从香港引入的。

普通话翻译文本

甲：哎，有钱吗？先借我两百块。

乙：真的不好意思，我只有一百块。你看，你的钱包涨涨的，怎么会没钱呢？

甲：钱包里有很多钱，但都在银行里。看一下附近有没有提款机，有的话，就去提点钱。

乙：平时要准备些现金，有时急起来就有钱用。

甲：现在吃饭买东西，好多地方都能刷卡，要用现金又随时可以按提款机，所以就忘了准备多些现金。

乙：说起来也是的，刷卡刷惯了。别说一般消费了，转账也不用去银行排队，有电脑就能办，甚至手机都能办好，方便极了。

甲：不过上网要注意安全，时常听到有人被骗的新闻呢。

录音文本

甲：喂，有冇钱吖？借两百蚊畀我先。

乙：真係唔好意思，我都係得一百蚊。你睇下，你个荷包涨卜卜，点解会冇钱噪？

甲：荷包入边有好多钱，之不过都喺银行呢。睇下附近有冇柜员机先，有嘅话，就去拎啲钱。

乙：平时要准备啲现金噪，有时急起身都有得用喇嘛。

甲：而家食饭买嘢，好多地方都可以碌卡，要用现金又随时可以拎机，所以就唔记得准备多啲现金。

乙：讲起嚟又係吖，碌卡碌惯咗吖嘛。咪讲话一般消费啦，转账都唔使去银行排队，有电脑就搞掂晒，甚至手机就搞掂，方便到极啦。

甲：不过上网要注意安全嚁，周时都听到有人畀人呃啲新闻噪。

第十四课

美眉靓姐

最后一组韵母，宣告课程即将结束。不多说了，越来越轻松，也越来越快乐，这是我的愿望，也是你的期待。

一、有字有音（e\ei\eng\ek）

本课要学习的一组韵母，看似容易，但要发好这个音，可能还得下点功夫。这组音是以e这个元音为基础的。用普通话和广州话分别念“姐姐”，你能听得出来有分别吗？普通话的“姐”的韵母写作ie，发音时是先发i，然后向e滑过去。而广州话的读法则只有一个e。细心多听几次，也许就能听出分别来。

听听下面这些字词：

啤酒 be^1 $dzau^2$	多谢 do^1 dze^6
骑车 ke^4 tse^1	借遮（借伞）dze^3 dze^1
咖啡 gaa^3 fe^1	大姐 $daai^6$ dze^2

茄子 ke2 dzi2	而且 ji4 tse2
社会 se5 wui2	写字 se2 dzi6
射门 se6 mun4	蛇口 se4 hau2

以上这些字词多以一个e 为韵母，下面学习的则是以e为主要元音的韵母：

以ei为韵母的

飞机 fei1 gei1	希望 hei1 mong6
机器 gei1 hei3	放屁 fong3 pei3
稀奇 hei1 kei4	皮鞋 pei4 haai4
离奇 lei4 kei4	非常 fei1 soeng4
美味 mei5 mei6	星期 sing1 kei4
卑鄙 bei1 pei2	睇戏（看戏）tai2 hei3
脾气 pei4 hei3	利益 lei6 jik7
比较 bei2 gaao3	被动 bei6 dung6
厉害 lei6 hoi6	棉被 min4 pei5
玻璃 bo1 lei1	基本 gei1 bun2
记者 gei3 dze2	茶几 tsaa4 gei1
未来 mei6 loi4	行李 hang4 lei5
你我 nei5 ngo5	普洱 pou2 nei5
生死 sang1 sei2	秘密 bei3 mat9
喜欢 hei2 fun1	企（站立）kei5

以eng为韵母的

饼干 beng^{2} gon^{1}	订票 deng^{6} piu^{3}
靓仔（帅哥）leng^{3} dzai^{2}	山顶 saan^{1} deng^{2}
客厅 haak^{8} teng^{1}	郑州 dzeng^{6} dzau^{1}
干净 gon^{1} dzeng^{6}	颈（脖子）geng^{2}
鱼腥 jy^{4} seng^{1}	瞓醒（睡醒）fan^{3} seng^{2}
衫领（衣领）saam^{1} leng^{5}	好命（命好）hou^{2} meng^{6}
听话 teng^{1} waa^{6}	精呖（聪明）dzeng^{1} lek^{7}
眼镜 ngaan^{5} geng^{2}	靓姐 leng^{3} dze^{1}
睇病（看病）tai^{2} beng^{6}	成日（整天）seng^{4} jat^{9}
平（便宜）peng^{4}	声气（动静、消息）seng^{1} hei^{3}

以ek为韵母的

尺寸 tsek^{8} tsyun^{3}	席（席子）dek^{9}
吃喝 hek^{8} hoit^{8}	劈 pek^{8}
呖仔（聪明孩子）lek^{7} dzai^{2}	赤 tsek^{8}
石仔（小石子）sek^{9} dzai^{2}	背脊 bui^{3} tsek^{8}
踢波（踢球）tek^{2} bo^{1}	着屐（穿木屐）dzoek^{8} kek^{9}
一只 jat^{7} dzek^{8}	笛 dek^{9}

这里要提一下的是，在广州话中有的字文读与白读的音不一样，比如这一课学到的部分字与前一课学的，就有这种情况出现。文读时读ing，白读时读eng，如：

ing	eng
青年	青色
制订	订票
顶多	屋顶
听众	听话
生命	好命
领导	衫领
灵活	好灵（很有效）
成人	成（事成了）
轻重	好轻（很轻）
醒目	瞓醒（睡醒）
惊慌	好惊（很害怕）
席位	席（席子）
声音	声气（动静、消息）

二、有问有答（穿着） L-14-2.MP3

穿着

甲：哗，阿香，你真係要靓唔要命啰？我仲着冷衫，你就着吊带裙？

乙：我真係好热喇嘛。

甲：而家就话热，噉迟啲点算吖？

乙：今年流行呢款吊带裙，琴日去香港买嘅，今日几大都着翻嚟show下喇。

甲：你呢句就真。

乙：十个女仔九个贪靓，你又唔係唔知。

甲：係就係，不过时装好贵咯噃，你一个月人工都未必够你买件衫。

乙：咁夸张吖？有啲衫睇起嚟好时款，其实好平㗎咋。

甲：即係山寨货啰，係唔係吖？

乙：我哋啲噉嘅打工仔，唔係山寨点着得起噃？

甲：你对鞋望落去都似靓嘢噃。

乙：你都几好眼光。

甲：我唔识乜嘢牌子唔牌子㗎，净係觉得佢好睇㗎咋。

乙：你觉得佢好睇咪就得啰，买嘢买钟意之嘛。

甲：不过你咪话，人哋啲名牌望落去係顺眼啲嘅。

乙：梗係喇，一分钱一分货喇嘛。

甲：听你嗽讲，好似你好识买嘢，第次我去街买衫都要揾埋你至得。

乙：冇问题，我唔係专家，帮下眼就得。

甲：唔该晒先。

乙：使乜客气，揾个礼拜日早啲起身，一齐饮茶、食饭、shopping、卡拉OK直落。

甲：一于嗽话。

词语注释

人工——工资。

时款——时髦。

噪咋——语气词，表示限于、仅仅的意思，也可单说"咋"。如：我间屋好细，得五十方噪咋。（我的房子很小，才50平方米。）

嚅——语气词，在这里表示肯定，还可以表示叮嘱、劝告等。

望落去——看上去，看起来。

净係——只是。

第次——下次。还可以说"第日"。

使乜——哪用。

直落——连着做（事情）。

一于——表示决定，不容改变。

普通话译文

穿着

甲：哗，阿香，你真是要美不要命了啊？我还穿毛衣，你就穿吊带裙了？

乙：我真的好热嘛。

甲：现在就说热了，那晚一点怎么办？

乙：今年流行这款吊带裙，昨天去香港买的，今天说什么也要穿回来秀一下。

甲：你这才是真话。

乙：十个女孩子九个爱美，你又不是不知道。

甲：是的，但时装很贵的，你一个月的工资也未必够买一件衣服呢。

乙：太夸张了吧？有的衣服看起来很时髦，实际上很便宜的。

甲：就是山寨货了，是吗？

乙：我们这些打工的人，不是山寨怎么穿得起啊？

甲：你的那双鞋子看上去也是好东西。

乙：你还挺有眼光。

甲：我不懂得什么牌子不牌子的，只是觉得它好看而已。

乙：你觉得好看不就行了，买东西就是要买喜欢的嘛。

甲：不过你也别说，人家的名牌看上去就是顺眼。

乙：那当然，一分钱一分货嘛。

甲：听你这么说，你好像很会买东西，下次我去逛街买衣服都得找你才行。

乙：没问题，我不是专家，帮你参考一下还行。

甲：先谢了。

乙：客气啥？找个星期天，早点起来，一块去喝早茶、吃饭、购物、卡拉OK，玩它一整天。

甲：一言为定。

三、有讲有笑（外母大人）

L-14-3.MP3

有人说，世界上最难处的关系是“婆媳关系”，实际上，女婿和丈母娘的关系也是很微妙的，不相信？听听这个段子。

生词有下面几个，听一听：

广州话	普通话
落班	下班
企	站
隔离	旁边
领呔	领带
外母	丈母娘。广州话在称呼前面通常可加上“阿”，比如说喊大夫时可说“阿医生”，喊张先生可说“阿张生”。

而家啲手机好先进，语音拨号非常之方便，即係你想打电话畀小明，你就对住个手机叫声“小明”，嗰个电话就会自动拨出去畀小明㗎喇。

有一日落班搭地铁，企喺我隔离嘅係个后生仔，佢着住西装，打住领呔，个样子斯斯文文。我听倒佢对住部手机叫咗声“八婆”，跟住等咗一阵，“八婆”个电话通咗，个后生仔就对住部手机细声细气噉讲：“阿外母吖，我今晚唔返黎食饭啦……”

现在的手机很先进，语音拨号非常地方便，就是说你想打电话给小明，你就对着手机喊一声“小明”，那个电话就会自动拨出去给小明了。

有一天下班坐地铁，站在我旁边的是个年轻人，他穿着西装，系着领带，样子很斯文。我听到他对着手机喊了一声“八婆”，接着等了一会儿，“八婆”的电话通了，那个年轻人就对着那手机柔声细语地说：“岳母啊，我今天晚上不回家吃饭了……”

（注：广州话“八婆”即泼妇的意思，可参见前一课对话中生词“八卦”的解释。）

四、有声有“释”（礼让老人） L-14-4.MP3

请认真地、反复地听以下录音，听不明白的就猜一猜，也可对照普通话翻译文本来听。最后，可以对照录音文本检查自己的听力结果。

提示

老窦——广州话称父亲的意思，非常口语，与普通话"老爸"差不多，可以背称也可以面称。但是，母亲，广州话有"老母"一说，却不能随便用，尤其是面称时非常罕见，显得很粗俗，有人会叫"老妈子"。不过最常用的还是"阿爸""阿妈"的叫法。

普通话 翻译文本

甲：我今天坐公交车时有人给我让座，哇，第一次遇上，弄得我都不好意思。我让人看起来真的很老吗？

乙：那比你年轻的就可以给你让座了呀，有什么奇怪的。我被让过好多次了。

甲：广州坐公交车、地铁还是不少人让座的。在公交车上看人让座也挺有意思的，好像看到人间百态。

乙：前几天和爸爸上街才搞笑呢。我们一上车，有个年轻人马上站了起来，我老爸以为人家给他让座。我正好转回头，看到我们后面有个满头白发的老大爷。我立马拉住老爸，大声喊：不是给你坐的。幸亏老爸还挺机灵的，没坐下去。

甲：那不是好尴尬？

乙：不过看到这一情景，又有另外一个年轻人站了起来，给我老爸让座。真是够和谐了。

录音文本

甲：我今日搭巴士有人让位畀我坐，哗，第一次遇着，搞到我都唔好意思，我畀人睇起嚟真係好老嘅咩？

乙：啲后生过你啲就让得比你坐喇，冇乜出奇啫。我畀人让过好多次喇。

甲：广州坐巴士、地铁都仲係几多人让位嘅。喺巴士度睇人让位都几得意，好似睇到人间百态噉。

乙：前几日同老窦出街先搞笑吖。我哋一上车，有个后生仔即时企咗起身，我老窦以为人哋让位畀佢坐。我啱好拎转头，见到我哋后边有个满头白发嘅伯爷公。我即刻拉住老窦，大声嗌：唔係畀你坐㗎。好在老窦仲几醒目，冇坐落去。

甲：噉唔係好尴尬？

乙：不过睇倒噉嘅情景，又有另外一个后生仔企咗起身，让位畀我老窦。真係够晒和谐喇。

后 记

这本小书花了我的不少时间。当接受编写任务时，以为这只不过是小菜一碟而已，但正式进入编写工作时，问题却不断地冒出来，也就不敢轻视了。因为市面出售的学粤语书籍多如牛毛，这就逼得我非得编出一本与众不同的教材来。从实用、易学原则出发，边写边改，终于拿出来这份书稿，稍觉安慰，自认为还是有些特点的，希望能得到读者的认同。

学习一种语言或方言，应听说先行。本书遵循这个原则，内容与学习方式都以听说为主。教材没有设置专门的练习部分，实际上全部课本都是在做练习。考虑利用当今电子手段，我的想法就是要把课堂带给每一位学习者，因此，文稿部分看起来内容简单，讲解都在音频里，学习者可以眼看课本，耳听讲解，跟着音频材料开口学习并练习。没有老师讲解和示范，仅凭阅读文字来学会一种方言几乎是不可想象的。此外，现在移动设备已经普及，这种方法也方便学习者在行进时学习。

本人在大学里从事对外汉语教学工作十多年，教过普通话，也教过粤语，但对象都是外国人。这次编写这本供本国同胞学习粤语的教材是一次尝试。我的博士导师詹伯慧先生给了我鼓励和支持。詹先生虽然年高八十有三，目前正主持一项方言学的国家重大科研项目。在百忙当中，詹先生给我写了序文，对我关爱有加，实在令人感动。

朱慧玲、贾思静和甘亦凡三位为本教材的录音作出了贡献，在此深表谢意。

甘甲才

2014-3-14于广州